まずはここから！
やさしいスペイン語
カタコト会話帳

守川一郎 著
Ichiro Morikawa

スペイン語は世界で約3億5千万人が話す国際語

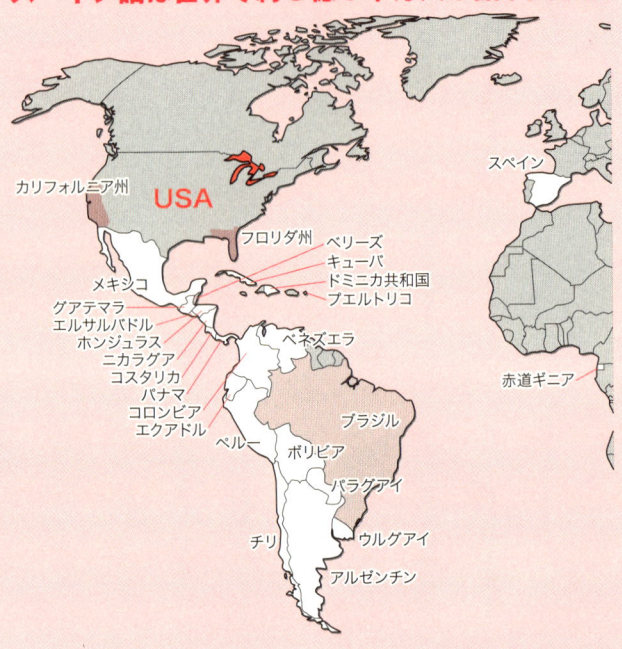

カリフォルニア州
USA
フロリダ州
ベリーズ
キューバ
ドミニカ共和国
プエルトリコ
メキシコ
グアテマラ
エルサルバドル
ホンジュラス
ニカラグア
コスタリカ
パナマ
コロンビア
エクアドル
ベネズエラ
ペルー
ボリビア
ブラジル
パラグアイ
チリ
ウルグアイ
アルゼンチン
スペイン
赤道ギニア

□ スペイン語を公用語としている国　□ スペイン語が第二言語として通じる国
■ ヒスパニック(スペイン語圏諸国からアメリカに移住した人々)が多く、スペイン語が第二言語のように通じるようになってきているアメリカの州

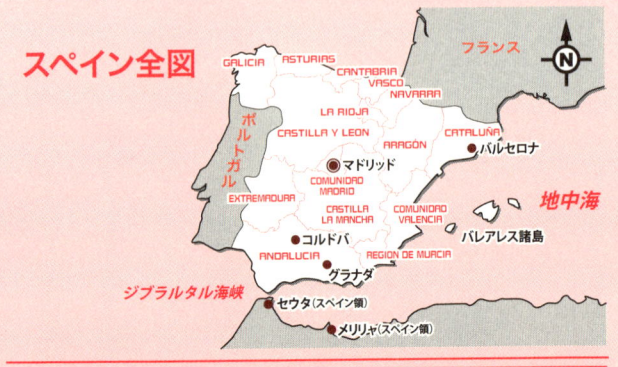

スペイン全図

フランス
GALICIA
ASTURIAS
CANTABRIA
VASCO
NAVARRA
LA RIOJA
CASTILLA Y LEON
ARAGÓN
CATALUÑA
ポルトガル
●マドリッド
COMUNIDAD MADRID
バルセロナ
EXTREMADURA
CASTILLA LA MANCHA
COMUNIDAD VALENCIA
地中海
バレアレス諸島
●コルドバ
ANDALUCIA
REGION DE MURCIA
●グラナダ
ジブラルタル海峡
セウタ(スペイン領)
メリリャ(スペイン領)

¿De qué sos? —— 一番印象的だったスペイン語
〜著者まえがき

守川 一郎

¿De qué sos?（デケソス）とは、直訳すると「お前は何だ？」ですが、私が幼少の頃、南米のアルゼンチンにいたとき、人に会うとよくこう聞かれたものです。はじめ何を尋ねられているのかわからなかったのですが、じつは、これは ¿De qué hincha sos?（デケインチャソス）を略したフレーズで、「どの（サッカーチームの）ファンなのか？」という質問だったようです。

アルゼンチンではプロサッカーチームが首都ブエノスアイレス圏内に集中していて、強いチームがいくつもあったことから、初対面の人に対してこう聞く習慣があったようです。

当初、サッカーには興味がなかった私ですが、ある日、買い物をしているとき店の人からこう聞かれ、いつものように困っていると、そばにいた人がすかさず、「こいつは Estudiantes（エストゥディアンテス）のファンさ、だって着ているシャツがユニフォームと同じ柄じゃないか」と言ったことがきっかけで、私は Estudiantes の熱狂的なファンとなってしまいました。そのとき私が着ていたシャツは赤の縦じまで、Estudiantes のユニフォームにそっくりだったのです。

当時アルゼンチンでは、テレビのサッカー中継などほとんどなく、子供たちもラジオの実況放送を手に汗を握りながら聴いたものです。もちろん、学校でも友だちとサッカーのことばかり話していました。サッカーの話題が私を、アルゼンチンという国やブエノスアイレスという街に、自然に溶け込ませてくれたと言ってもいいかもしれません。

外国語としてスペイン語を最初に覚えたからでしょうか、私の話す英語はスペイン語なまりが強いようです。もちろん、スペイン語といっても国によって独特な言い回しがあり、私のスペイン語はスペインのものとは少し違って、南米のスペイン語、とりわけアルゼンチンのスペイン語で、私がそのスペイン語を喋っているときは、日本語や英語で話すときよりも、雄弁でほんの少し陽気になってしまいます。言葉とは不思議なものです。

幼少時代を過ごしたアルゼンチンやペルーの言葉や料理にはとても愛着があり、耳にしたり、口にしたりするだけで懐かしく、故郷のような感じさえします。日本からは遠い国々ですが、この本を読んで、私の大好きな南米の料理、サッカー、スペイン語に親しみを持ってもらえれば幸せです。

もくじ

¿De qué sos? ─ 一番印象的だったスペイン語 〜著者まえがき ……… 003
■アルファベットと発音 ……………………………… 006

まずはあいさつ ……………………………………… 008
もう少しあいさつのフレーズを ……………………… 010
人とお別れのあいさつ ……………………………… 012
別れぎわにまた会う日を確かめて …………………… 014
いろいろな「ありがとう」……………………………… 016
「ありがとう」と言われたら …………………………… 018
初対面のあいさつ …………………………………… 020
ちょっと自己紹介をしましょう ……………………… 022
相手のことを尋ねてみよう …………………………… 024
相手の言っていることがわからない！ ……………… 026
返事のしかた ………………………………………… 028
理解できる、理解できない！ ………………………… 030
便利なフレーズ ……………………………………… 032
人に再会したときに欠かせないフレーズ …………… 036
「私」と「あなた」のかたちを覚えよう！ ……………… 040
疑問詞を覚えよう …………………………………… 042
ショッピング ………………………………………… 046
いろいろな「すみません」 …………………………… 056
相手にあやまられたら、こう答えます ……………… 058
道を尋ねる …………………………………………… 060
バル(BAR)で ………………………………………… 066
レスタウランテで …………………………………… 070
◎食べてみたいスペイン料理 ………………………… 076
◎食べてみたいペルー料理 …………………………… 077

◎食べてみたいアルゼンチン料理 ……………………………… 078
◎単語帳（デザート／飲み物）……………………………… 079
　ファストフードで …………………………………………… 084
　交通機関を利用する ………………………………………… 086
　観光 …………………………………………………………… 094
　天気 …………………………………………………………… 100
　時刻 …………………………………………………………… 102
　サッカー観戦 ………………………………………………… 104
◎単語帳（サッカー観戦）…………………………………… 108
　命令のひとこと ……………………………………………… 110
　大事なひとこと ……………………………………………… 112
　生理現象 ……………………………………………………… 114
　相手への思いやりフレーズ ………………………………… 118
　いろいろ使える基本文 ……………………………………… 122
　いろいろ使えるカタコトフレーズ ………………………… 134
　カタコト・ラブラブ・フレーズ …………………………… 144
◎単語帳（基数）……………………………………………… 150
◎単語帳（基数／序数）……………………………………… 151
◎単語帳（日・曜日・月・季節）…………………………… 152
◎単語帳（性別・家族・身分・職業など）………………… 153
◎単語帳（国名ほか）………………………………………… 154
◎単語帳（服装・服飾品）…………………………………… 155

■会話のための早わかりスペイン語初歩文法 …………… 156

アルファベットと発音

大文字	小文字	読み	大文字	小文字	読み
A	a	ア	N	n	エネ
B	b	ベ	Ñ	ñ	エニェ
C	c	セ	O	o	オ
Ch	ch	チェ	P	p	ペ
D	d	デ	Q	q	ク
E	e	エ	R	r	エルレ
F	f	エフェ	-	rr	エルルレ
G	g	ヘ	S	s	エセ
H	h	アチェ	T	t	テ
I	i	イ	U	u	ウ
J	j	ホタ	V	v	ベ
K	k	カ	W	w	ドブレベ
L	l	エレ	X	x	エキス
Ll	ll	エジェ	Y	y	イグリエガ
M	m	エメ	Z	z	セタ

※**赤色の文字**は母音字で、**黒い文字**は子音字です。
※Hhは、無音の記号だと考えてください。この文字はどこにあっても読まないのが原則です。
※LlとRrは、どちらもラリルレロの発音ですが、Rrは意識して舌先をふるわせて発音します。
※rrは語頭にくることはなく、小文字のみです。Rrよりもさらに舌先をふるわせて発音します。
※カナで示す発音はアルファベットの名称で、アルファベットが表す「音」とは区別してください。

〈スペイン語の発音〉

原則としてローマ字と同じ発音ですが、次のつづりと発音はローマ字表記にないものもありますので注意しましょう。また、単語はアクセントが重要です。本文中ではアクセントするところは**太字**にしてあります。

ca (カ)	ci (シ)	cu (ク)	ce (セ)	co (コ)
	qui(キ)		que(ケ)	
cha (チャ)	chi(チ)	chu (チュ)	che (チェ)	cho (チョ)
da (ダ)	di (ディ)	du (ドゥ)	de (デ)	do (ド)
ga (ガ)	gi (ヒ)	gu (グ)	ge (ヘ)	go (ゴ)
	gui(ギ)		gue(ゲ)	
ha (ア)	hi (イ)	hu (ウ)	he (エ)	ho (オ)
ja (ハ)	ji (ヒ)	ju (フ)	je (ヘ)	jo (ホ)
ra (ラ)	ri (リ)	ru (ル)	re (レ)	ro (ロ)
rra (ルラ)	rri (ルリ)	rru (ルル)	rre (ルレ)	rro (ルロ)
la (ラ)	li (リ)	lu (ル)	le (レ)	lo (ロ)
lla (ジャ)	lli (ジィ)	llu (ジュ)	lle (ジェ)	llo (ジョ)
ya (ジャ)	yi (ジィ)	yu (ジュ)	ye (ジェ)	yo (ジョ)
ña (ニャ)	ñi (ニィ)	ñu (ニュ)	ñe (ニェ)	ño (ニョ)
sa (サ)	si (シ)	su (ス)	se (セ)	so (ソ)
za (サ)	zi (シ)	zu (ス)	ze (セ)	zo (ソ)
ba (バ)	bi (ビ)	bu (ブ)	be (ベ)	bo (ボ)
va (バ)	vi (ビ)	vu (ブ)	ve (ベ)	vo (ボ)

※llは「ジャ」と「リャ」の2種類の発音があります。どちらを発音するかは、地域によって違いますが、本書では「ジャ、ジィ、ジュ、ジェ、ジョ」の発音とします。

※文末にあるdはほとんど発音されません。例：usted（ウステッ）「あなた」。

※bとvの発音はほぼ同じですが、vの発音は少し下唇を噛むようにしましょう。

※yは、単独または語末の場合「イ」と発音します。

二重子音

次のような2子音の組み合わせは、音節が一体化し、1子音として発音されます。

- bl blanco (ブランコ)……「白」
- cl clima (クリマ)……「天気」
- fl flaco (フラコ)……「細め」
- gl gloria (グロリア)……「勝利」
- pl pluma (プルマ)……「羽」
- dr piedra (ピエドラ)……「石」
- br libro (リブロ)……「本」
- cr crema (クレマ)……「クリーム」
- fr Francia (フランシア)……「フランス」
- gr tigre (ティグレ)……「虎」
- pr precio (プレシオ)……「値段」
- tr cuatro (クアトロ)……「4」

〈疑問文と平叙文のイントネーション〉

スペイン語では、フレーズの最後のイントネーションの上げ下げで、疑問文になるか、平叙文になるか変わってしまうものがあります。本書ではイントネーションを上げないと疑問文にならない場合のみ、読みガナの最後に矢印の記号を付しました。 ♪このような矢印があるときは、意識してイントネーションを上げてください。

▶ まずはあいさつ

朝から昼にかけてのあいさつ

おはよう。

昼から日が暮れるまでのあいさつ

こんにちは。

日が暮れてからの夜のあいさつ

こんばんは。

ブエノス　　ディアス
¡Buenos días!

朝のあいさつはまずこれから。直訳すると「良い日」です。簡単に ¡Buen día!（ブエン ディア）とも言います。ちなみにアルゼンチンの首都 Buenos Aires は「良い空気」という意味です。

ブエナス　　タルデス
¡Buenas tardes!

días は男性名詞複数形なので buenos でしたが、tardes「午後」は、女性名詞複数形なので buenas を使います。

ブエナス　　ノチェス
¡Buenas noches!

noches =「夜」も、tardes =「午後」と同じく女性名詞複数形なので buenas となります。

▶ もう少しあいさつのフレーズを

夜遅く別れるときや寝る前のあいさつ

おやすみなさい。

親しい友だち同士では

やあ！ 元気？

丁寧にあいさつするときには

おはようございます。

¡Buenas noches!
ブエナス ノチェス

夜は会うときも、別れるときも、寝る前も ¡buenas noches! です。この buenos/as ~ は挨拶で良く使うフレーズなので覚えておきましょう。

¡Hola! ¿Qué tal?
オラ ケ タル

¡Hola! ¿Cómo te va?
オラ コモ テ バ

¡Hola! のあとにこう続けて、相手の具合や様子も聞くようにしましょう。¡Hola! は、la のほうにアクセントすると電話での「もしもし」に意味が変わるのでご注意を。

¡Buenos días señor (señora/señorita)!
ブエノス ディアス セニョル セニョラ セニョリタ

男性には señor を、既婚の女性には señora を、未婚の女性には señorita をつけてください。既婚か未婚かがわからないときは señora にしたほうが無難です。

人とお別れのあいさつ

別れのことばは、ちょっと切ない…

さようなら。

軽い感じの別れのことば

じゃあね。

ちょっと改まった感じで

ごきげんよう。

アディ**オ**ス
¡Adiós!

しばらくの間会えないときの別れの言葉に使います。さらに当分会えないときは、¡hasta la vista! (**ア**スタ ラ **ビ**スタ)「また会う日まで」と言うこともあります。

チャウ
¡Chao!

「チャオ」はイタリア語ですが、特に中南米では友だち同士の別れの挨拶によく使います。ただしスペルは異なり、chaoと綴り、オの音はウに近い音になって「チャウ」と発音します。

※イタリア語では Ciao! と綴ります。

ケ　　レ　　**バ**ジャ　　ビ**エ**ン
¡Que le vaya bien!

おもに長い別れの挨拶に使います。「ご健勝を」に近い表現です。

別れぎわにまた会う日を確かめて

毎日会っている人同士で

また明日。

また会う曜日が決まっているなら

じゃあ、月曜日に。

またすぐ会うときには

またあとで。

アスタ マニャナ
¡Hasta mañana!

hasta ~ は「~まで」の意味で、別れの挨拶によく使います。~ の部分に会う "とき" を入れて言います。mañana は「明日」だけでなく、「朝」の意味もあります。

アスタ エル ルネス
¡Hasta el lunes
ケ ビエネ
que viene!

lunes は「月曜日」、viene は「来る」で、直訳すると「こんど来る月曜日まで」となります。¡Hasta el lunes! だけでも通じます。

アスタ ルエゴ
¡Hasta luego!
アスタ プロント
¡Hasta pronto!

luego は「すぐに」。luego の代わりに、店の名前にもある pronto (**プロント**) を使うこともあります。「また会いましょう」の意味で ¡Nos vemos! (**ノス ベモス**) と言うときもあります。

いろいろな「ありがとう」

簡単な感謝のことば

ありがとう。

もう少し感謝の気持ちを込めて

ありがとうございます。

ちょっと改まって言うと

いろいろありがとう。

グラシアス
¡Gracias!

英語の Thank you!（サンキュウ）同様、お礼の言葉の定番です。人から何かしてもらったら、すかさず ¡Gracias! と言いましょう。

ムチャス　　　　**グラ**シアス
¡Muchas gracias!

mucha は「たくさん」という意味。gracias が女性名詞複数形なので "s" を付けて muchas になります。さらに気持ちを込めるには、muchísimas（ム**チ**シマス）gracias. と言います。

セ　ロ　　アグラ**デ**スコ　　**ム**チョ
¡Se lo agradezco mucho!

agradezco は「感謝する」で、「私は大変感謝しています」ということです。「ご親切にどうも」と「親切」に「感謝」するなら Agradezco su bondad.（アグラ**デ**スコ ス ボン**ダ**ッ）と言います。

「ありがとう」と言われたら

軽い受け答えですが

どういたしまして。

もう少し丁寧に

いいえ、どういたしまして。

感謝するのは私のほうですと言うときには

いや、こちらこそ。

デ　　**ナダ**　　**ポル**　　**ナダ**
De nada. / Por nada.

nada は「何も」の意味です。相手からの ¡Gracias!「ありがとう」に対し、De nada. または Por nada. と返します。

デ　　**ナダ**　　ノ　**アイ**　デ　ケ
De nada, no hay de qué.

no hay de qué の直訳は「何ということはありません」の意味で、単独でも使えますが、de nada に続けると丁寧な言い方になります。no hay ~ だけだと「~がない」の意味になります。

グラシアス　ア　ウス**テ**ッ
Gracias a usted.

直訳すると「あなたにありがとう」です。usted の "d"（ッ）の発音は弱めにしてください。

初対面のあいさつ

自分の名前をまず言って

私は〜と言います。

ときには握手しながら言います

はじめまして。

もっと感情を込めて

お会いできてうれしいです。

ジョ　　メ　　　ジャモ
Yo me llamo～.

直訳すると「私は自分を〜と呼んでいます」です。名前を言うときはこの形をよく使います。会話では yo（私）を省略することが多いです。

ムチョ　　　　グスト
Mucho gusto.

gusto は「喜んで、うれしい」の意味です。このフレーズに対しては、通常 encantado/a（エンカン**タ**ド／エンカン**タ**ダ）「こちらこそはじめまして」で返します。

o/a とある語は、話す対象が男性なら o に、女性なら a に変えて発音します。

ムチョ　　　　グスト　　　　エン
¡Mucho gusto en
コノセルロ ／ コノセルラ
conocerlo/a!

conocerlo/a は「知ることができる」の意味で、全体で「知り合いになれて大変うれしい」という意味になります。

o/a とある語は、話す対象が男性なら o に、女性なら a に変えて発音します。

ちょっと自己紹介をしましょう

出身国を言うときは

私は日本から来ました。

アジア人であることはわかるでしょうが

私は日本人です。

職業、身分も言うと

私は学生です。

ソイ デ ハポン
Soy de Japón.

スペイン語は動詞の活用変化で何人称かわかるので、主語の人称代名詞（この場合は yo（ジョ）で、「私は」を強調したいときは文頭に付ける）は省略されることが多い。Japón は「日本」です。

ソイ ハポネス ハポネサ
Soy japonés / japonesa.

soy は動詞 ser「〜である」の 1 人称単数形で、おもに人の国籍や出身地などを表すときに使います。英語でいえば I am です。同じ日本人でも男性は japonés、女性は japonesa です。

ソイ エストゥディアンテ
Soy estudiante.

soy は職業を表すときにも使います。estudiante「学生」は、男性、女性共用の名詞です。

▶ 相手のことを尋ねてみよう

職業、身分を尋ねる

あなたは何をなさっていますか？

出身地を尋ねる

あなたはどこの出身ですか？

年齢を尋ねる

あなたは何歳ですか？

ケ　　**ア**セ　　ウス**テ**ッ
¿Qué hace usted?

¿Qué? は疑問詞の「何?」です。このフレーズは職業に限らず、「何をしているの?」という意味で使えます。

デ　　　**ド**ンデ　　**エ**ス　　ウス**テ**ッ
¿De dónde es usted?

¿Dónde? は疑問詞の「どこ?」で、de が前にくると「どこから?」になります。動詞 es を viene（ビ**エ**ネ）「来る」にしても通じます。

ク**ア**ントス　**ア**ニョス　ティ**エ**ネ　ウス**テ**ッ
¿Cuántos años tiene usted?

¿Cuántos? は疑問詞の「いくつ?」で、数を聞くときに使います。tiene は tener「持つ」の3人称単数形で、答えるときは tiene を1人称単数形に変え、Tengo 20 años.（私は20歳です）と言います。

▶ 相手の言っていることがわからない！

聞き返すときには

えっ、何ですか？

速すぎて聞き取れない

もっとゆっくり話してください。

それでもわからないときには

もう一度くり返してください。

ペル**ドン**↗
¿Perdón?

¿Perdón? は「失礼」という意味で、聞き返しのときにも使います。語尾を上げて発音してください。語尾を上げないと「ごめんなさい」という意味になります。

プ**エ**デ　ア**ブ**ラル
¿Puede hablar
マス　　デス**パ**シオ↗
más despacio?

¿Puede ～? は相手に何かを頼んだりするときに使います。hablar は「話す」で、despacio は「ゆっくり」。más は「もっと」の意味で、何かが"もっと"ほしいときにも使います。

プ**エ**デ　ア**ブ**ラル　**オ**トラ　**ベ**ス↗
¿Puede hablar otra vez?

más despacio（もっとゆっくり）を otra vez（もう一度）に変えました。otra は「別の、もう1つの」、vez は「回、度」の意味です。

返事のしかた

肯定と否定の答えです

はい。/ いいえ。

相手に何かすすめられて、答えるとき

はい、お願いします。

相手のすすめを断るとき

いいえ、けっこうです。

シィ ノォ
Si. / No.

英語の Yes（イエス）/ No（ノー）です。Si はシとスの間ぐらいで発音します。

シィ **ポル** **ファボル**
Si, por favor.

相手に何かをお願いするときには丁寧語でもある por favor をつけ加えましょう。

ノォ **グラ**シアス
No, gracias.

答えるときは No. だけでも通じますが、相手の好意を受けて gracias「ありがとう」もつけ加えましょう。

理解できる、理解できない！

疑問文から

わかりますか？

相手の言っていることが理解できたら

はい、わかります。

理解できないなら

いいえ、わかりません。

エンティ**エン**デ　ウス**テッ**↗
¿Entiende usted?

entiende は「わかる」の意味です。スペイン語の疑問文の基本は動詞＋主語ですが、逆の語順でも疑問文にしてしまうこともあります。どちらの場合も文末を上げて発音します。

シィ　　エンティ**エン**ド
Si, entiendo.

entiendo は entender の1人称単数形です。「わかりますか？」の質問に対し si または entiendo だけでも通じます。完了形で entendido（エンテン**ディ**ド）とも言います。

ノォ　　エンティ**エン**ド
No, entiendo.

正しくは Yo no entiendo. ですが、yo「私」を省略しても通じます。否定文の場合は no を、肯定文の場合は si を動詞の前に必ずつけましょう。

便利なフレーズ ❶

肯定を強めるとき

もちろん！当然です！

信じられないとき

本当ですか？

確信があるとき

きっとそうだ。

クラロ　ケ　**シ**ィ　**コ**モ　**ノ**ォ
¡Claro que sí!/¡Cómo no!

claro は「明白な」の意味で、単独で言っても通じます。
¡Cómo no!(**コ**モ **ノ**ォ)と言うときもあります。

エス　ベル**ダ**ッ↗
¿Es verdad?

verdad は「本当」の意味です。疑問文なので文末を上げて発音します。逆に下げて発音してしまうと平叙文の「本当です」の意味で伝わってしまいます。

ティ**エ**ネ　ケ　**セ**ル
Tiene que ser.

「そうに違いない」「そうあるべきだ」と、確信があるときに使うフレーズです。やや自信がないときは Por supuesto.(ポル ス**プエ**スト)、「たぶん」程度なら Quizás.(キ**サ**ス)と言いましょう。

便利なフレーズ ❷

承諾、同意するとき

了解。

望みどおりに行かなかったときに

残念ですね。

あいまいな言い方ですが

まあまあ。

デ　　アク**エ**ルド
De acuerdo.

acuerdo は「同意」の意味です。単純に Bien.(ビ**エ**ン)「良いです」と言うときもあります。bien は自分の調子がいいときや相手をほめるときにもよく使います。

ケ　　**ラ**スティマ
Qué lástima.

qué はこの場合、疑問詞ではなく、感嘆詞として使います。lástima は「残念」です。

マス　オ　　**メ**ノス
Más o menos.

más は「プラス」、menos は「マイナス」の意味で、「プラスとマイナスの間」くらいで「まあまあ」の意味として使います。ほかに Así, así.(ア**シィ** ア**シィ**)という言い方もあります。

人に再会したときに欠かせないフレーズ ❶

丁寧な尋ね方で

お元気ですか？

答え方もだいたい決まっています

とても元気です。ありがとう。

さらに相手に尋ねるのが礼儀

で、あなたはいかがですか？

コモ　　　エスタ　　　ウス**テッ**
¿Cómo está usted?

¿Cómo está ~ ? 相手の状態を聞くときに使います。usted を señor（男性）、señorita（未婚女性）に変えれば、ムード歌謡でおなじみの「コモエスタ赤坂」の最初のフレーズになります。

ムイ　　　　ビエン　　　グラシアス
Muy bien gracias.

Muy bien. は ¿Cómo está? に対する決まり文句です。gracias をつけ加えるとより丁寧な言い方になります。よほど調子や具合が悪くない限り、Muy bien. と答えましょう。

イ　　　ウス**テッ**
¿Y usted?

y は接続詞で「と」「そして」などの意味があります。相手が先に自分の調子や具合を尋ねてきたら、このように尋ね返すように心がけましょう。

人に再会したときに欠かせないフレーズ ❷

ちょっとくだけて尋ねると

元気？

調子が良くないときには

あまり良くないよ。

親しい友だちに尋ね返すときには

君はどう？

トド　　ビエン↗
¿Todo bien?

直訳すると「すべて良いですか?」となります。文末を上げて発音すると疑問文ですが、文末を上げないと平叙文の「すべて良いです」になり、同じフレーズで受け答えができます。

ノォ　タン　　ビエン
No tan bien.

tan は「それほどに」「そんなに」という意味です。少し疲れているときは Un poco cansado. (**ウン ポ**コ カン**サ**ド) と言います。

イ　トゥ↗
¿Y tú?

tú は親称2人称です。親しい友だちや子供と話すときに使います。

「私」と「あなた」のかたちを覚えよう！

1人称主語（単数 / 複数）から

私は / 私たちは

敬称2人称主語（単数 / 複数）は

あなたは / あなたがたは

親称2人称主語（単数 / 複数）は

君は / 君たちは

yo / nosotros
ジョ　　ノ**ソ**トロス

文の主語になる形です。英語の I (アイ) / we (ウィ) ですが、yo (私) は英語の I と違い、文中にあるときは小文字で書きます。

usted / ustedes
ウス**テ**ッ　　ウス**テ**デス

英語の you (ユウ) です。複数形「あなたがた」は usted の語尾に es がつきます。

tú / vosotros
トゥ　　ボ**ソ**トロス

家族や親しい友だちや恋人同士で使います。子供に対しては、他人の子でもはじめから tú で話します。日本人がスペイン語を話すときは、誰に対してもはじめは usted でかまいません。

疑問詞を覚えよう ❶

> まずは「何」から
>
> # これは（あれは）何ですか？

> 「誰」と尋ねるには
>
> # 彼（彼女）は誰ですか？

> 「どれ」と尋ねるには
>
> # あなたの帽子はどれですか？

¿Qué es esto(eso)?
ケ **エ**ス **エ**スト **エ**ソ

¿Qué? は疑問詞の「何?」です。答えるときは Esto(Eso) es ~.「これは~です」と言います。esto(eso) は中性の代名詞で、実体のわからないものを尋ねるときや答えるときに使います。

¿Quién es él(ella)?
キエン **エ**ス **エ**ル **エ**ジャ

¿Quién? は疑問詞の「誰?」です。答えるときは Él(Ella) es ~.「彼(彼女)は~です」と言います。

¿Cuál es su sombrero?
ク**ア**ル **エ**ス ス ソンブレロ

¿Cuál? は疑問詞の「どれ?」です。sombrero は「帽子」です。答えるときは、そのものを指して簡単に Éste.「これです」、または Ése.「それです」と言います。

Esto、Eso ではなく Éste、Ése になるのは、sombrero が男性名詞だからです。

疑問詞を覚えよう❷

「どこ」と場所を尋ねるには

あなたはどこに住んでいますか?

「いつ」と時を尋ねるには

あなたはいつ帰りますか?

理由と方法(様子)を尋ねるには

なぜ?/どのように?

ドンデ　　　ビベ　　　ウス**テ**ッ
¿Dónde vive usted?

¿Dónde? は疑問詞の「どこ?」で、vive は「住む」です。答えるときは Vivo en ~（場所）. と言います。

クアンド　　　**ブエ**ルベ　　　ウス**テ**ッ
¿Cuándo vuelve usted?

¿Cuándo? は疑問詞の「いつ?」で、vuelve は「戻る」です。答えるときは Vuelvo en ~（時間、期間）. と言います。

ポル　　　**ケ**　　　　　　**コ**モ
¿Por qué?/¿Cómo?

理由がわからないときは ¿Por qué? を、方法がわからないときは ¿Cómo? を使いましょう。¿Por qué? に対しては、ひと綴りで、アクセント記号のない Porque「なぜなら」で返します。

ショッピング ❶

買いたいものを指でさして

これをください。

買いたいものをはっきり言って

市内地図がほしいのですが。

買うものを決めたときには

これにします。

デメ エスト ポル ファボル
Déme esto, por favor.

déme は「ください」の意味です。気にいったものを指して Esto, por favor. でも通じます。それが男性名詞だとわかっているなら Éste.(エステ)、女性名詞なら Ésta.(エスタ)を使います。

キエロ ウン マパ
Quiero un mapa
デ エスタ シウダッ
de esta ciudad.

quiero~ は「~がほしい」で、相手に自分がほしいものを伝えるときに使います。mapa「地図」は男性名詞なので un（1つの）。ciudad は女性名詞なので esta（この）。

mapa は a で終わっているけど男性名詞。

メ ジェボ エステ/エスタ
Me llevo éste/a.

llevo は「持っていく」の意味です。Me quedo con éste/a.(メケド コン エステ／エスタ) とも言います。quedo は「残る」で、直訳すると「これと一緒に残る」という意味になります。

e/a とある語は、対象が男性名詞なら e に、女性名詞なら a に変えて発音します。

047

ショッピング ❷

ブティックで買いたいものを尋ねる

セーターはありますか？

ショーウィンドウの品物を見せてもらう

このバッグを見せてくれませんか？

その品物が気に入らなければ

ほかのものがありますか？

ティエネ ウン スエテル↗
¿Tiene (un) suéter?

¿Tiene ~ ? は「〜はありますか?」と尋ねるときによく使うフレーズです。買い物やレストランで料理を注文するとき、ほしいものを続けて言いましょう。suéter は「セーター」です。

スペイン語の冠詞はむずかしい。そんなときは、思い切って冠詞（この場合はun）を省いて言ってみましょう。カタコトでも伝えようとすることが大切です。

プエド ベル エステ ボルソ↗
¿Puedo ver este bolso?

¿Puede ~ ? は相手に何か頼むときに使うのですが、¿Puedo ~ ? は主語が yo「私」となり、相手に何か許可を求める場合に使います。ver は「見る」で、bolso は「バッグ」です。

ティエネ オトロ↗
¿Tiene otro?

前にも出ましたが、¿Tiene ~ ?「〜はありますか?」は実用的なフレーズです。otro は「ほかの」という形容詞ですが、ここでは名詞で「ほかのもの」。

ショッピング ❸

服を試着する

試着してもいいですか？

サイズが合わないときには

ちょっと大き(小さ)すぎます。

気に入ったときには

これが気に入りました。

プエド　　　プロバル
¿Puedo probar?

¿Puedo ~?「~してもよいですか?」は、相手に許可を求める大変実用的なフレーズです。「~」に probar「試す」など、自分がやりたいこと(動詞)を入れて言いましょう。

エス　ウン　ポコ　　グランデ　　チコ
Es un poco grande(chico).

un poco は相手に「少しだけ」という意思を伝えることができ、単独でも使える実用的なフレーズです。grande は「大きい」で、chico は「小さい」です。

chico はスペイン本国では pequeño(ペケニョ)と言います。

ア　ミ　メ　　グスタ　エステ(エスタ)
A mi me gusta éste/a.

gusta は「気に入る」という意味の動詞です。「気に入らない」場合は、me の前に no を入れて否定してください。

e/a とある語は、対象が男性名詞なら e に、女性名詞なら a に変えて発音します。

ショッピング ❹

値段を尋ねる

これはいくらですか？

値段を聞いたらビックリ！

高すぎます！

財布と相談してから

もっと安いのを見せてもらえませんか？

クアント　エス　エステ(エスタ)
¿Cuánto es éste/a?

¿Cuánto es? は買い物のときなどに使う必須単語の1つです。¿Cuánto cuesta?（クエスタ）「いくら（お金が）かかるのか？」とも言います。

e/aとある語は、対象が男性名詞ならeに、女性名詞ならaに変えて発音します。

エス　ムイ　カロ
¡Es muy caro!

caro は「高い」です。「安い」場合は barato（バラト）と言います。muy は「とても」です。

プエデ　モストラル
¿Puede mostrar
ウノ　マス　バラト↗
uno más barato?

¿Puede～? は相手に何か依頼するときに必須のフレーズ。mostrar は「見せる」、más は比較級の「もっと」の意味です。

ショッピング ❺

いろいろ買って合計額を尋ねる

全部でいくらですか？

クレジットカードで支払いたいときには

クレジットカードは使えますか？

最後にこんな言い方も知っていると便利

ただ見ているだけです。

¿Cuánto es en total?
クア**ント** **エ**ス **エ**ン ト**タ**ル

en total は「合計で」の意味です。total は英語とスペルも同じですが、スペイン語はアクセントの位置が違います。

¿Puedo usar la tarjeta de crédito?
プ**エ**ド ウ**サ**ル ラ タル**ヘ**タ デ ク**レ**ディト↗

¿Puedo usar ~? で「〜は使えますか?」です。tarjeta「カード」は女性名詞なので冠詞 la がつきます。usar の代わりに pagar con ~（パ**ガ**ル コン）「〜で払う」とも言います。

Sólo estoy mirando.
ソロ エス**ト**イ ミ**ラ**ンド

mirando は mirar「見る」の進行形です。sólo~ は「ただ〜だけ」の意味です。

▶ いろいろな「すみません」

自分の非を認めてあやまるとき

ごめんなさい！

軽くわびるとき

失礼。すみません。

軽いわびでも、もう少し丁寧に言うと

失礼します。

ペル**ド**ン
¡Perdón!

あやまる気持ちを込めた「すみません」です。ただし、他人に話しかけるときの「ちょっと、すみません」という呼びかけにも使います。¡Disculpe!（ディス**ク**ルペ）とも言います。

コン　　　ペル**ミ**ソ
¡Con permiso!

人の前を通ったりするときに使います。¡Permiso! だけでも通じます。

ペル**ド**ネメ
¡Perdóneme!

eme をつけると perdón より少し改まったあやまり方になります。ほかに ¡Perdóname!（ペル**ド**ナメ）という言い方もあり、こちらは親しい人に対して使う、少し改まったあやまり方です。

▶ 相手にあやまられたら、こう答えます

たいしたことないと言うときには

何でもありません。

このフレーズもよく使います

大丈夫です。

それでも相手が気にしているときは

どうぞご心配なく。

ノ　　　パサ　　　ナダ
No pasa nada.

nada は「何も」の意味。直訳すると「何も起こっていません」となります。

エスタ　　ビエン
Está bien.

está は状態を表す動詞で、Está bien. は「いいですよ」の意味。Sin falta. (シン ファルタ：直訳すると「不足なし」) とも言います。

ノ　　セ　　　プレオクペ
No se preocupe.

preocupe は preocupar「心配する」の命令形で、否定の no が入ると「心配しないで」となります。

道を尋ねる ❶

探している場所を言う

～を探しています。

行き方を尋ねる

駅へはどう行くのですか？

地図を出して今いる場所を尋ねる

ここはどこですか？

エス**ト**イ　　　　ブス**カ**ンド
Estoy buscando ~ .

estoy は状態を表す動詞 estar の1人称単数形。buscando は buscar「探す」の進行形です。

コモ　　　プ**エ**ド　　**イ**ル　ア
¿Cómo puedo ir a
ラ　　　　エスタシ**オ**ン
la estación?

¿Cómo puedo? で「どうやって~するか?」。ir が「行く」なので、¿Cómo puedo ir a ~ (目的地)? で「どうやって~へ行くのか?」という言い方になります。

ドンデ　　　エス**タ**モス　　エス**ト**イ
¿Dónde estamos/estoy?

主語 nosotros「私たち」が省略されていますが、「(私たちは)どこにいますか?」の意味です。1人の場合は ¿Dónde estoy?「(私は)どこにいますか?」と言います。

道を尋ねる❷

ここから行き先までの道のりは？

ここから遠いですか？

かかる時間を尋ねる

歩いてどのくらいかかりますか？

交通手段を尋ねる

ナスカまでバスで行けますか？

エスタ　レホス　**デスデ**　ア**キィ**↗
¿Está lejos desde aquí?

lejos が「遠い」で、desde が前置詞「〜から」、aquí が「ここ」です。「近い」なら cerca（セルカ）と言います。

ク**ア**ント　ティ**エ**ンポ　セ　**タ**ルダ
¿Cuánto tiempo se tarda
アン**ダ**ンド
andando?

cuánto tiempo se tarda? で「どのくらい時間がかかりますか」です。cuánto dura?（ク**ア**ント ド**ゥ**ラ）とも言います。andando が「歩いて」で、caminando（カミ**ナ**ンド）とも言います。

プ**エ**ド　**イ**ル　**エ**ン　ア**ウ**ト**ブ**ス
¿Puedo ir en autobús
アスタ　**ナ**スカ↗
hasta Nazca?

autobús が長距離バス。ómunibus（**オ**ムニブス）とも言います。hasta が「〜まで」で、Nazca は地上絵で知られるペルーの世界遺産です。

主語が「私たち」のときは Puedo を Podemos（ポ**デ**モス）にします。

道を尋ねる ❸

キーワード①

左/右

キーワード②

まっすぐ

キーワード③

ここ/そこ/あそこ

イスキ**エ**ルダ　　　　　デレチャ
izquierda/derecha
（左）　　　　　　（右）

道を尋ねても、スペイン語の「左右」がわからなければ困りますね。しっかり覚えておきましょう。

デレチョ　　　　レクト
derecho/recto

derecho はおもに中南米でよく使いますが、「右」の derecha（デレチャ）に似ている（語尾の a と o の違い）ので、聞き間違えないように注意！ スペインでは recto のほうを一般的に使います。

ア**キ**ィ　　ア**イ**ィ　　ア**ジ**ィ
aquí / ahí / allí
（ここ）　（そこ）　（あそこ）

場所を表す副詞を3つまとめて覚えましょう。

バル（BAR）で ❶

空いている席に座る前に確認

この席はふさがっていますか？

ウェイターを呼んで

すみません、お願いします！

ビールを注文してみよう

ビールをください。

エス**タ**　　　オク**パ**ド
¿Está ocupado
エステ　　　アシ**エ**ント↗
este asiento?

ocupado は「使用中」で、asiento が「席」です。¿Está ocupado? だけでも通じます。逆に ¿Está libre? (エスタ リブレ)「空いていますか?」と聞くこともあります。

モソ/**モ**サ　　　**ポ**ル　　ファ**ボ**ル
¡Mozo/a, por favor!

mozo は「ウェイター」、「ウェイトレス」だと moza になります。por favor をつけて丁寧な呼び方です。「ちょっと!」という意味で ¡Oiga! (**オ**イガ) と言うときもあります。

o/a とある語は、話す対象が男性なら o に、女性なら a に変えて発音します。

ウナ　　　セル**ベ**サ　　　**ポ**ル　　ファ**ボ**ル
Una cerveza, por favor.

cerveza は「ビール」で女性名詞なので、1 つだと una になります 2 つだと、una を dos (**ド**ス) に変え、cerveza に s をつけて複数形にします。

バル(BAR)で ❷

つまみを頼んでみよう

ソーセージとオリーブをください。

ビールが来て、さあ乾杯です

カンパイ！

おかわりを頼みたいとき

もう一杯ください。

ウナ　サルチチャ　イ　ウン　プラト
Una salchicha y un plato
デ　アセイトゥナス　　ポル　ファボル
de aceitunas, por favor.

女性名詞のsalchichaにはunaが、男性名詞のplato「皿」にはunが冠詞としてつきます。これもpor favorをつけて丁寧に。

サルッ
¡Salud!

「健康を祝して」という意味です。

メ　ダ　オトロ↗
¿Me da otro?

otroは「もう1つ」の意味です。me daの代わりにtráigame（トライガメ）「持ってきてください」を使って、¿Tráigame otro?「もう一杯お願いします」とも言います。

レスタウランテ(Restaurante)で ❶

席があるかどうか確認します

3人の席はありますか?

予約をしてあるときには

**予約済みなのですが。
名前はヤマトです。**

メニューを頼むとき

メニューをください。

¿Tiene una mesa para tres?
ティ**エ**ネ **ウ**ナ **メ**サ パラ トレス↗

mesa は「テーブル」のこと。直訳だと「3人のためのテーブルがあるか?」で、電話で予約するときにも使えるフレーズです。

Tengo una reserva. Mi nombre es Yamato.
テンゴ **ウ**ナ レ**セ**ルバ ミ **ノ**ンブレ **エ**ス ヤマト

直訳すると「予約(reserva)を持っている」です。nombre は「名前」です。

¿Puede traerme la carta?
プ**エ**デ トラ**エ**ルメ ラ **カ**ルタ↗

「メニュー」は carta(「カード」のこと)と言います。英語と同じ綴り(ただし u にアクセントが付く)の menú(メ**ヌ**)でも通じます。

レスタウランテ(Restaurante)で❷

注文したい料理が決まったら

これとこれをください。

日替わりの料理を尋ねてみる

今日の定食は何ですか？

おすすめの料理を尋ねてみよう

ここのおすすめは何ですか？

デメ　　エスト　イ　エスト
Déme esto y esto.

déme は「ください」という意味。代わりに「食べる」tomaré（トマレ）を使うときもあります。メニューの料理を指でさして、こう言うのがいちばん簡単です。

ケ　エス　エル　プラト　デル　ディア
¿Qué es el plato del día?

el plato は「一品料理」で、del día は「今日の」という意味です。menú del diá（メヌ デル ディア）とも言います。

ケ　　メ　　　レコミエンダ
¿Qué me recomienda?

recomienda は「すすめる」の意味です。「あなたは何をすすめますか?」となります。

レスタウランテ（Restaurante）で ❸

ワインを注文したければ

**それからワインを
グラス/ボトルでください。**

注文した料理と違ったものが来たときには

これは注文していません。

注文した料理を何人かで分けて食べるときは

この料理を分けて食べます。

イ　ウナ　　コパ　　　ボテジャ
Y una copa/botella
デ　ビノ　　ポル　ファボル
de vino, por favor.

copaが「グラス」、botellaが「ボトル」、vinoが「ワイン」です。ミネラルウォーターがほしいときは、Agua mineral, por favor.（**ア**グア ミネ**ラ**ル ポル ファ**ボ**ル）と por favor をつけて注文します。

エスト　ノ　エス　ロ　ケ
Esto no es lo que
エ　　ペディド
he pedido.

haber + 過去分詞の形を使った現在完了文です。「私」が主語なので、he + 過去分詞となります。pedido は pedir（ペ**ディ**ル）「注文する」の過去分詞です。

コンパルティモス　エステ　プラト
Compartimos este plato.

plato は「皿」の意味もありますが、この場合は「料理」です。compartir は「分ける」の意味です。スペインや中南米の料理は1皿の量が多いので、分けあって食べたほうがいいです。

食べてみたいスペイン料理 Comida Española
(コミダ エスパニョラ)

ハモン セルラノ
Jamón serrano

ハモンとは生ハムのこと。スペインを代表する生ハムは2種類。イベリコ豚（黒豚）とセルラノ豚（白豚）です。当然、ハモンセルラノのほうが庶民の味です。

パエジャ
Paella

お米の産地であるバレンシアの名物料理で、スペイン風炊き込みご飯のこと（日本ではパエリアの名称で有名）。パエジャとは古くはフライパンのこと。

ガスパチョ
Gazpacho

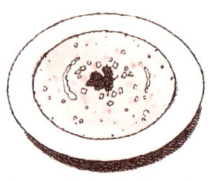

アンダルシア地方の名物スープ。トマトやきゅうり、たまねぎ、ピーマンなどたっぷりの野菜とオリーブオイルなどをミキサーにかけた冷製スープ。

サルスエラ
Zarzuela

イカ、アンコウ、ムール貝などをトマトベースのソースで煮込んだ豪快な鍋料理。スペイン風ブイヤベースと呼ばれるカタルーニャ地方の名物料理。

トルティジャ エスパニョラ
Tortilla Española

スペイン風オムレツ。ジャガイモとたまねぎ入りのTortilla de papa（トルティジャ・デ・パパ）が有名。ちなみにトルティーヤと言うとメキシコ風パンです。

アングラス デ アギナガ
Angulas de Aguinaga

独特な料理の宝庫であるバスク地方の料理のひとつ。鰻の稚魚をオリーブオイルと唐辛子で炒めた料理。プリプリの白い鰻の稚魚の食感が良い。

食べてみたいペルー料理 Comida Peruana (コミダ ペルアナ)

セビッチェ Cebiche

新鮮な白身魚をしめ、タコ、イカなどの魚介類と玉ねぎなどを混ぜ、アヒー（唐辛子）とレモン汁で味付けた前菜。ペルーを代表する料理のひとつ。

ロモ サルタド Lomo saltado

ロモとは牛肉のこと。牛肉を細切りにして、パプリカと玉ねぎ、フライドポテトと一緒に炒めた料理。ペルーでは最もポピュラーな料理。

パパ ア ラ ウアンカイナ Papa a la huancaína

パパとはジャガイモのこと。茹でたジャガイモにクリーミーなチーズソースをかけた料理。好みでアヒーソース（唐辛子の激辛ソース）を混ぜて食べます。

アンティクチョ Anticucho

牛のハツ（心臓）を串に刺して網焼きにした、牛ハツのステーキ。でも、見た目は日本の焼き鳥にそっくり。緑のソース（チュミチューリ）をかけてどうぞ。

アロス コン ポジョ Arroz con pollo

香草（コリアンダー）をたっぷり使った炊き込みご飯に、チキンを添えた鶏肉料理。口に入れると香草の香りがぷんぷんの香り高き料理。

チュペ デ マリスコス Chupe de mariscos

チュペは「吸う、しゃぶる」の意味で、ミルクを使った雑炊のこと。マリスコスはシーフードのこと。つまり、野菜と白米の入ったペルー風海鮮雑炊です。

食べてみたいアルゼンチン料理 Comida Argentina (コミダ アルヘンティナ)

マタンブレ Matambre

マタンブレとは、牛の脇腹肉のこと。その肉で野菜や卵を巻き、調理したあとで冷製にしたものもこう呼びます。スライスしてハムのように食べます。

アサド Asado

アルゼンチンといえば焼肉と言うくらい、牛肉料理が豊富。有名なのがガウチョ(カウボーイ)のアサドという串刺し肉を炙り焼きしたステーキです。

ビフェ デ チョリソ Bife de chorizo

チョリソと言っても辛味ソーセージではなく、いわゆるサーロインステーキのこと。でも量が違います。街の食堂でも分厚いステーキが出てきます。

ビフェ デ ロモ Bife de lomo

こちらは、いわゆるフィレステーキのこと。やはり分厚いかたまりで出てくる。牛の数が人口の2倍という牛肉消費量世界一の国ならではの料理です。

ミラネサ ナポリタナ Milanesa napolitana

ミラノ風牛カツレツのこと。薄切り牛カツにハムとチーズを乗せ、トマトソースを加えてオーブンで焼く。アルゼンチン料理はイタリアンの影響が強い。

エンパナダ Empanada

牛ひき肉とたまねぎを炒め、パイ生地で包んで揚げたミートパイ。餃子を大きくしたような形をしている。使われる具材はハムやチーズなど豊富。

単語帳 (デザート Postre(m) ポストレ /飲み物 Bebida(f) ベビダ)

① **トルタ** *torta*(f) ……………………………………… ケーキ
② **フラン** *flan*(m) ……………………………………… プリン
③ **ガジェタ** *galleta*(f) ……………………………… ビスケット
④ **エラド** *helado*(m) ……………………………… アイスクリーム
⑤ **ソルベテ** *sorbete*(m) ……………………………… シャーベット
⑥ **ドゥルセ・デ・レチェ** *dulce de leche* …………… 液状キャラメル
⑦ **アルファフォル** *alfajor*(m) …… ドゥルセ・デ・レチェを使ったお菓子
⑧ **チュルロ** *churro*(m) …………………………… 棒状の揚げ菓子
⑨ **アルロス・コン・レチェ** *arroz con leche* …… 甘いミルクのおかゆ
⑩ **マサス・フィナス** *masas finas* ……… ひと口大の小さなケーキ

※ 6〜10 はアルゼンチンのお菓子とデザートです。

カフェ *café*(m) ……………………………………… コーヒー
テ *té*(m) ……………………………………………… 紅茶
レチェ *leche*(f) ……………………………………… ミルク
カフェ・コン・レチェ *café con leche* …………………… カフェオレ
チョコラテ *chocolate*(m) ………………………………… ココア
フゴ・デ・ナランハ *jugo de naranja* …………… オレンジジュース
アグア・ミネラル・コン・ガス *agua mineral con gas* …… ミネラルウォーター (ガス有)
アグア・ミネラル・シン・ガス *agua mineral sin gas* …… ミネラルウォーター (ガス無)
セルベサ *cerveza*(f) ………………………………… ビール
ビノ (ティント／ブランコ) *vino*(f)(tinto/blanco) ……… ワイン (赤／白)
カバ *cava*(f) ……………………………… スペイン産発砲ワイン
サングリア *sangría*(f) ……………… サングリア (果汁混合ワイン)
ヘレス *jerez*(m) …………………………………… シェリー酒
ヒネブラ *ginebra*(m) ………………………………… ジン
ピスコ *pisco*(m) ………………………… ペルー、チリ産の蒸留酒

レスタウランテ(Restaurante)で ❹

食事をする人へのあいさつは

どうぞ召し上がれ。

もう食べられなくなったときは

おなかがいっぱいです。

食事だけでなく、何かに少しあきたときにも

もう十分です。

ブエン　　　プロベチョ
¡Buen provecho!

provecho は「利益、栄養」の意味で、ウェイターがよく使うフレーズです。直訳すると「(食事で)良い栄養を!」となります。

エストイ　　ジェノ
Estoy lleno.

estoy は状態を表す動詞 estar の1人称単数形。lleno は「いっぱい」という意味です。

エス　　スフィシエンテ
Es suficiente.

suficiente で「十分」の意味です。¡Basta! (バスタ)「もうたくさん」とも言います。

レスタウランテ（Restaurante）で ❺

料理の味をほめるときは

これはおいしい！

食べ終わって

とてもおいしかったです。

テーブルで勘定を払うときは

お勘定、お願いします。

エス**タ**　**リ**コ
¡Está rico!

rico は「おいしい」という意味です。「まずい」と言いたいときには rico を mal (**マ**ル) に変えて ¡Está mal! と言うか、está の前に no を入れて、No está rico. と言ってください。

エス**タ**バ　　**ム**イ　　**リ**コ
Estaba muy rico.

estaba は está の過去形です。

ラ　　クエ**ン**タ　　**ポ**ル　　ファ**ボ**ル
La cuenta, por favor.

cuenta が「計算」なので、「計算お願いします」ということです。

ファストフード (Comida Rápida) で

注文する

ハンバーガーとコーラをください。

店内で食べるときには

ここで食べます。

テイクアウトしたいときには

持って帰ります。

ウナ　　　アンブルゲサ　　　イ
Una hamburguesa y
ウナ　　コカ　　コラ　　ポル　　ファボル
una coca cola, por favor.

スペイン語は単語の頭のhを発音しないので、ハンバーガーは「アンブルゲサ」となります。コカコーラはコーラでは通じません。**コカ**と略すか、**コカコラ**と言いましょう。

アキィ　　　ポル　　　ファボル
Aquí, por favor.

簡単に「ここで」という意味ですが、これで通じます。

パラ　　ジェバル　　ポル　　ファボル
Para llevar, por favor.

llevar が「持っていく」という意味です。

交通機関を利用する❶

電車の切符を買う

バルセロナまで 片道2枚ください。

乗り換えがあれば

乗り換えなければ いけませんか?

電車の行き先を確認するときには

その電車はどこ行きですか?

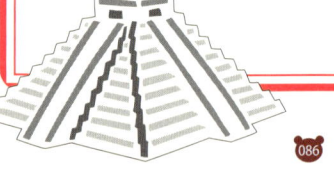

Dos billetes de ida hasta Barcelona, por favor.

ドス ビジェテス デ イダ アスタ バルセロナ ポル ファボル

1枚ならun(ウン)です。片道切符はbillete de ida(ビジェテ デ イダ)、往復切符はbillete de ida y vuelta(イ ブエルタ)と言います。バルセロナはマドリッドに次ぐスペイン第2の都市です。

¿Tengo que hacer trasbordo?

テンゴ ケ アセル トラスボルド↗

tengo que ~ は「~しなければならない」の意味の助動詞です。trasbordoは「乗り換える」という意味です。

¿Hasta dónde va el tren?

アスタ ドンデ バ エル トレン

¿Hasta dónde?で「どこまで?」の意味です。trenは「電車」です。

交通機関を利用する❷

出発時刻を確かめる

バスは何時に出発しますか？

バスが複数あって、どれに乗るのかわからない

マルデルプラタへ行くのは どのバスですか？

どの停車所がいちばん近いか尋ねる

いちばん近い停車所は どこですか？

ア ケ **オ**ラ **サ**レ **エ**ル アウト**ブ**ス
¿A qué hora sale el autobús?

sale が「出発する」、¿A que hora? は「何時に?」です。autobús の bus の発音はバスではなく「**ブ**ス」になります。

ク**ア**ル アウト**ブ**ス バ **ア**スタ
¿Cuál autobús va hasta
マル デル **プ**ラタ
Mar del Plata?

¿Cuál? は疑問詞の「どれ?」です。Mar del Plata はアルゼンチンのリゾート地の1つです。

ク**ア**ル **エ**ス ラ パ**ラ**ダ
¿Cuál es la parada
マス **セ**ルカ
más cerca?

parada はおもにバスの「停車所(停留所)」の意味で、電車の「停車所(駅)」は estación と言います。cerca は「近い」の意味です。

交通機関を利用する ③

バスがそこを通るか尋ねる

このバスはフロリダ通りを通りますか?

次の停車所を尋ねる

次に停まるのはどこですか?

降りる停車所がよくわからないとき

プラド美術館に着いたら教えてください。

エステ　コレク**ティ**ボ　　**パ**サ
¿Este colectivo pasa
ポル　ラ　**カ**ジェ　フロ**リ**ダ↗
por la Calle Florida?

colectivo は「路線バス」の意味で（中南米で使われています）、pasa は英語の pass と同じです。Calle Florida はアルゼンチンの首都ブエノスアイレスのショッピング街の1つです。

※路線バス＝ autobús de línea.（アウトブス デ リネア）（スペイン）、camión（カミオン）（メキシコ）とも言う。

ク**ア**ル　**エ**ス　ラ　**プロ**クシマ　　パ**ラ**ダ
¿Cuál es la próxima parada?

próxima parada で「次の停留所」です。次の停留所で降りたいときは Próxima parada, por favor. と言います。

ア**ビ**サメ　　ク**ア**ンド　　ジェ**ゲ**モス
Avísame cuando lleguemos
ア**ル**　ム**セ**オ　**デル**　**プラ**ド
al Museo del Prado.

avísame は avisar（アビ**サ**ル）「知らせる」の命令形で、cuando lleguemos a(l) ~「（私たちが）~に着いたとき」です。プラドはマドリッドにある世界的に有名な美術館です。

交通機関を利用する❹

タクシーで行き先を言う

Xホテルへ行ってください。

タクシーから降ろしてもらう

ここで停めてください。

お釣りをチップとしてあげるときには

とっておいてください。

アスタ　エル　オテル　エキス　ポル　ファボル
Hasta (el) hotel X, por favor.

運転手に(el) hotel X, por favor と言っても通じますが、hasta「〜まで」を入れると、より丁寧な表現になります。また、スペイン語はhを発音しないので、hotelは「オテル」と発音します。

スペイン語の冠詞はむずかしい。そんなときは、思い切って冠詞(この場合はel)を省いて言ってみましょう。カタコトでも伝えようとすることが大切です。

プエデ　　　　パラル　　アキィ
¿Puede parar aquí,
ポル　　ファボル↗
por favor?

puede〜で相手(運転手)に頼みます。parar は「停まる」です。aquí, por favor だけでも通じます。

テンガ　　　ス　　　プロピナ
Tenga su propina.

文字どおり「チップをとっておいてください」の意味です。簡単にtengaと言っても通じます。チップはさりげなく渡しましょう。

観光 ❶

まずはツーリスト・インフォメーションへ

観光案内所はどこですか？

案内パンフレットをもらう

日本語のパンフレットは
ありますか？

行きたいところがあるなら

テオティワカンに行く
ツアーはありますか？

ドンデ　エスタ**　ラ　オフィ**シ**ナ**
¿Dónde está la oficina
デ　インフォルマシオ**ン　トゥ**リ**スティカ**
de información turística?

¿Dónde? は疑問詞の「どこ?」です。「観光案内所」はいくつかの呼び方がありますが、información turística で通じます。

アイ　　**ギ**アス　　エス**ク**リ**タス**
¿Hay guías escritas
エン　　ハポネ**ス**
en japonés?

¿Hay~? は「~はありますか?」で、guías は「ガイド」、escritas en japonés が「日本語で書かれた」という意味です。

アイ　　アル**グ**ナ　　エクスクルシ**オ**ン
¿Hay alguna excursión
ケ　　バ　ア　　テオティワ**カン**
que va a Teotihuacán?

alguna は「何らかの」、excursión は「ツアー」です。テオティワカンは巨大ピラミッド遺跡のあるメキシコの観光名所です。

観光 ❷

古い聖堂の前で

この教会はどのくらい前のものですか？

写真撮影がオーケーかどうか尋ねる

ここで写真を撮ってもいいですか？

誰かに写真を撮ってもらう

このボタンを押してください。

デ　ケ　**シ**グロ　**エ**ス　**エ**スタ　イ**グレ**シア
¿De que siglo es esta iglesia?

de qué siglo で「何世紀の」の意味です。iglesia は「教会」の意味で、s をつけた複数形はスペインの有名な歌手の苗字と同じです。

プ**エ**ド　サ**カ**ル　**ウ**ナ　**フォ**ト　ア**キィ**↗
¿Puedo sacar una foto aquí?

foto は語尾が o で終わりますが女性名詞です。foto は略語（正式には fotografía）だからです。

プ**エ**ルセ　**エ**ステ　ボ**トン**　**ポル**　ファ**ボ**ル
Pulse este botón, por favor.

pulse は pulsar (プル**サ**ル)「指で押す」の命令形です。このほかに apriete (アプリ**エ**テ) とも言います。

観光 ❸

フラメンコを見に行く

フラメンコを見に行きたいのですが。

1日の公演回数を尋ねる

公演は1日何回ありますか?

ショーに感動して

すばらしい!

キエロ　イルア　ベル　　　フラメンコ
Quiero ir a ver flamenco.

quiero~ は「〜したい」ときに使います。ver は「見る」です。
フラメンコは スペインを代表する民俗芸能です。

クアンタス　　　　アクトゥアシオネス
¿Cuántas actuaciones
アイ　アル ディア
hay al día?

¿Cuántas? は「何回?」、actuaciones が「公演」、al día が「1日の」の意味です。

マラビジョソ　　　　　　オレ　　　　ブラボ
¡Maravilloso! / ¡Ole! / ¡Bravo!

とくに ¡Ole! と ¡Bravo! は日本でもおなじみのフレーズですね。
周りの雰囲気に合わせ、お好きなフレーズでぜひ一声どうぞ。

天気

快晴のとき

いい天気ですね!

夜になって冷え込んできた

寒いな。

あいにく外は雨

雨ですね。

ケ ブエン ティエンポ
¡Qué buen tiempo!

感嘆文です。tiempo は「時間」のほかに「天気」の意味にも使います。¡Hace (**ア**セ) buen tiempo! とも言います。

アセ **フ**リオ
¡Hace frío!

hace は「する、作る」などの意味がありますが、天候状態を表すときにも使います。アセ (汗) フリオ (不流落) とでも漢字を当てて覚えましょう。暑いときは ¡Hace calor! (**ア**セ カ**ロ**ル) です。

エス**タ** ジョビ**エ**ンド
Está lloviendo.

lloviendo は llover「雨が降る」の進行形です。llover の名詞は lluvia (ジュ**ビ**ア)「雨」です。

▶ 時刻

まずは時刻の尋ね方から

(いま) 何時ですか？

時刻を言う

午前7時25分です。

「〜時に〜する」という言い方は

ゲームは5時にはじまります。

ケ オラ エス アオラ
¿Qué hora es (ahora)?

何度も出てくる疑問詞 ¿Que? は「何?」です。ahora は「今」です。¿Que hora es? だけでも通じます。

ソン ラス シエテ イ ベインティシンコ
Son las siete y veinticinco.

「〜時」は女性名詞で、1時を除き複数形となります。分は時のあとに数字を加えます。7時45分は ocho menos cuarto (オチョ メノス クアルト)「8マイナス1/4 (15分)」と言います。

エル パルティド エンピエサ ア
El partido empieza a
ラス シンコ デ ラ タルデ
las cinco de la tarde.

partido は「試合」です。「〜時に」と言うときには前置詞の a を冠詞 las の前に置きます。

サッカー観戦 ❶

対戦カードを言うと

今日は日本とスペインの対戦があります。

勝敗の予想を尋ねてみよう

どちらのチームが勝つと思いますか？

どちらのチームを応援しているか宣言する

私は〜のほうを応援しています。

オイ　アイ　パルティド　エントレ
Hoy hay partido entre
ハポン　ベルスス　エスパニャ
Japón versus España.

hoyは「今日」で、発音は人を呼ぶときの「オイ」と同じです。日本とスペインの部分にチーム名や国名を入れて言ってください。

スペイン本国ではversusよりy（イ）かcontra（コントラ）が一般的。

クアル　エキポ　ピエンサ
¿Cuál equipo piensa
ウステッ　ケ　バ　ア　ガナル
usted que va a ganar?

「勝つ」はganarと言います。vaはirの未来形で「〜しようとしている」の意味です。直訳すると「勝とうとしている」となります。

ソイ　インチャ　デル　エキポ
Soy hincha del equipo ~.

equipoは「チーム」の意味です。Soy hincha de ~（チーム名）. だけでも通じます。

サッカー観戦 ❷

応援しましょう

行けー！

チャンスが来ました

シュート！

点が入りました

ゴール！

ダレ　　　　　バモス
¡Dale! / ¡Vamos!

どちらも「行けー!」です。このほかに ¡Fuerza!（フェルサ）「ファイト!」、¡Animo!（アニモ）「元気を出せ!」などがあります。

ティレ
¡Tire!

「シュートを打て」ということです。このほか「シュートする」は meter（メテル）、rematar（レマタル）などがあります。

ゴゥル
¡¡Gol!!

叫ぶときは ¡¡Goool!!（ゴ————ル）です。

単語帳（サッカー観戦）

fútbol(m)	フットゥボル	サッカー
pelota(f)	ペロタ	ボール
equipo(m)	エキポ	チーム
portero(m)	ポルテロ	ゴールキーパー
arquero(m)	アルケロ	ゴールキーパー
director técnico(m)	ディレクトル テクニコ	監督
defensor(m)	デフェンソル	ディフェンス
arbitro(m)	アルビトゥロ	審判
volante(m)	ボランテ	ボランチ
tiro(m)	ティロ	シュート
tiro libre	ティロ リブレ	フリーキック
mediocampista	メディオカンピスタ	ミッドフィルダー
camiseta(f)	カミセタ	ユニフォーム
hincha	インチャ	ファン
delantero(m)	デランテロ	フォワード
goleador(m)	ゴレアドル	ストライカー
jugador(m)	フガドル	選手

¡Tiro!

ganar/empatar/perder	ガナル/エンパタル/ペルデル	勝つ/引分ける/負ける
arco(m)	アルコ	ゴール
cancha(f)	カンチャ	競技場
puño(m)	プニョ	パンチング
partido(m)	パルティド	試合
tarjeta(f) amarilla/roja	タルヘッタ アマリジャ/ロハ	イエロー/レッド カード
pique	ピケ	ダッシュ
chilena(f)	チレナ	オーバーヘッドキック
contraataque(m)	コントラアタッケ	カウンター攻撃
campeón(m)	カンペオン	チャンピオン
cañonazo(m)	カニョナソ	強烈なシュート
atajar	アタハル	ゴールセーブする
copa del mundo	コパ デル ムンド	
mundial(m)	ムンディアル	ワールドカップ

¡¡Goooooool!!

(m)男性名詞 (f)女性名詞

命令のひとこと

人を急がせるときに
急いで！

うるさいときに
しぃ！

邪魔なときに
あっち行け！

¡De prisa!
<ruby>De<rt>デ</rt></ruby> <ruby>prisa<rt>プリサ</rt></ruby>

まさに急いでいるときに使います。prisa は「迅速」の意味です。

¡Cállate! / ¡Silencio!
<ruby>Cállate<rt>カジャテ</rt></ruby> / <ruby>Silencio<rt>シレンシオ</rt></ruby>

¡Cállate! は「黙れ！」、¡Silencio! は「静かに！」です。

¡Vete de aquí!
<ruby>Vete<rt>ベテ</rt></ruby> <ruby>de<rt>デ</rt></ruby> <ruby>aquí<rt>アキィ</rt></ruby>

人に対して使うと失礼です。寄ってきた動物や虫にでも使ってください。

大事なひとこと

緊急のときに

助けて！

危険を察知したら

あっ、あぶない！

泥棒に襲われたら

ドロボー！

ソコルロ　　　　　アジュデメ
¡Socorro! / ¡Ayúdeme!

大きな声で言いましょう。どちらもよく使います。

クイダド
¡Cuidado!

「注意しろ！」という意味です。自分の目を指さして ¡Ojo!（オホ）「目！」とも言います。

ラドロン
¡Ladrón!

周りの人が気がつくように叫びましょう！

生理現象 ❶

何か飲みたい…

のどが渇きました。

何か食べたい…

おなかがすきました。

ベットに行きたい

疲れた。眠いなー。

テンゴ　　　セッ
Tengo sed.

Tengo ~ . は直訳すると「～を持っている」という意味になりますが、のどが渇いたときやおなかがすいたときなど、人間の生理現象を表すときにも使います。

テンゴ　　　アンブレ
Tengo hambre.

すごくおなかがすいているときは、女性名詞である hambre の前に mucha（**ムチャ**）「たくさん」をつけ加えて言いましょう。

エス**ト**イ　　カン**サ**ド/カン**サ**ダ
Estoy cansado/a.
テンゴ　　　ス**エ**ニョ
Tengo sueño.

cansado「疲れた」は副詞なので、とても疲れたときは muy（**ムイ**）をつけ加えて言いましょう。

o/a とある語は、男性は語尾を o に、女性は a に変えて発音します。

生理現象 ❷

漏れそう…

トイレへ行きたい。

変なもの食べたのかな？

おなかが痛い。

病気の徴候

熱があります。

キエロ イル アル バニョ セルビシオ
Quiero ir al baño (servicio).

Quiero~.で「~がしたい」です。bañoは「浴室」の意味もありますが、外国のトイレは浴室と一緒のところが多いので「トイレ」をbañoと言います。スペインではservicioとも言います。

メ ドエレ エル エストマゴ
Me duele el estómago.

Me duele~.で「私は~が痛い」です。「~」に痛いところを入れて言います。頭が痛いなら、Me duele la cabeza (カベサ).です。

テンゴ フィエブレ
Tengo fiebre.

Tengo~.は、どこか具合が悪いときにも使います。「~」に具合が悪い症状(この場合は"熱")を入れて言いましょう。

相手への思いやりフレーズ ❶

くしゃみをした相手に

お大事に！

体調の悪い相手に対して

どうぞお大事に。

相手の成功を祈って

じゃあ、がんばってね。

サルッ
¡Salud!

「乾杯」のときと同じ単語で、「お大事に!」という意味です。相手から ¡Salud! と言われたら、Gracias (**グラ**シアス).「ありがとう」と返すように心がけましょう。

ケ エス**テ** ビ**エ**ン
¡Qué esté bien!

bien は相手をほめるときにも使いますが、この場合は「(相手の) 具合が良くなることを祈って」という意味になります。

ケ **テ**ンガ ブ**エ**ナ ス**エ**ルテ
¡Qué tenga buena suerte!

suerte は「運」で、「幸運をお祈りします」の意味です。

相手への思いやりフレーズ ❷

相手の家族を思いやって

ご主人/奥さんによろしく。

週末を迎える相手に

良い週末を！

旅行へ行く相手には

良いご旅行を！

サ**ル**ドス　ア　ス　エス**ポ**ソ/エス**ポ**サ
Saludos a su esposo/a.

saludos は「挨拶」の意味です。「ご主人」は marido（マリド）とも言います。「家族によろしく」と言う場合は、Saludos a su familia（ファミリア）. になります。

o/aとある語は、語尾をoにすると「ご主人」、a にすると「奥さん」になります。

ブエン　**フィン**　デ　セ**マ**ナ
¡Buen fin de semana!

金曜日の仕事が終わって、仲間と別れるときの挨拶でよく使うフレーズです。

ブ**エ**ン　ビ**ア**ヘ
¡Buen viaje!

日本ではあまり使わないフレーズですが、欧米では旅行をする人に対しての決まり文句です。

いろいろ使える基本文 ❶

何にでも使える「好き」

(私は)読書が好きです。

相手に「好きかどうか」尋ねる

日本料理が好きですか？

「〜したい」の代表形

旅行がしたい。

アミ　　　メ　　**グ**スタ　　レ**エ**ル **エ**ル **リ**ブロ
(A mí) me gusta leer el libro.

Me gusta ~. で「(私は) ~ (もの、こと) が好きです」の意味です。a mí「私」をつけると「とくに私は」と強調するニュアンスになります。

レ　　**グ**スタ　ラ　　コ**ミ**ダ　　　ハポ**ネ**サ↗
¿Le gusta la comida japonesa?

Le gusta ~? で、「あなたは~が好きですか?」の意味です。「~」に聞きたいこと (名詞や動詞の原形) を入れて言いましょう。親しい人には Le を Te に変えて。

ジョ　　　キ**エ**ロ　　　ビア**ハ**ル
Yo quiero viajar.

quiero ~ で「~したい」です。「~」にしたいこと (動詞の原形) を入れて言ってください。

いろいろ使える基本文 ❷

「〜ねばならぬ」

私は明日出発しなければなりません。

「許可」をとる

タバコを吸ってもいいですか？

「いっしょに〜しましょう」

踊りましょう！

ジョ **テ**ンゴ ケ **イ**ル マ**ニャ**ナ
Yo tengo que ir mañana.

tengo que irで「行かなければならない」の意味です。

プ**エ**ド フ**マ**ル↗
¿Puedo fumar?

fumarは「喫煙する」。このほか、許可を求める実用的なフレーズに ¿Puedo entrar（エン**ト**ラル）?「入っていいですか?」、¿Puedo pedir（ペ**ディ**ル）?「注文してもいいですか」などがあります。

バモス ア バイ**ラ**ル
¡Vamos a bailar!
バイ**ラ**モス
(¡Bailamos!)

¡vamos a ~ ! で「～しましょう!」という意味です。簡単に言うなら ¡Bailamos! と言います。ほかに「食べましょう!」¡vamos a comer!（コ**メ**ル）、¡comemos!（コ**メ**モス）などがあります。

いろいろ使える基本文 ❸

> 「〜しませんか」と相手を誘う
>
> # カフェに入りませんか？

> 相手を誘う文をもうひとつ
>
> # ここで食事をするのは どうですか？

> 相手の興味を尋ねる
>
> # 日本に興味がありますか？

ポル ケ ノ バモス
¿Por qué no vamos
ア イル アル カフェ
a ir al café?

vamos a ir ~ の前に por que no「ノォのわけがない」を付けて、「~しませんか?」となります。

ケ タル シ
¿Qué tal si
コメモス アキィ
comemos aquí?

¿Qué tal si ~? で「~するのはどうですか?」の意味です。この場合 comemos は「私たちは食べる＝一緒に食べる」となります。

ア ウステッ レ インテレサ ハポン↗
¿A usted le interesa Japón?

le のさす人物が誰であるかをはっきりさせるために a + 人物を文頭に置くことがあります。ここでは「あなたに」で a usted です。

いろいろ使える基本文 ❹

見たことも聞いたこともないとき

私は知りません。

話の内容を疑うときには

でも私は信じません。

相手の感想を尋ねるときには

あなたはどう思いますか？

ノ セ ナダ
No sé nada.

sé は saber「知る」の1人称単数形です。nada と言うと「全然知らない」になります。「あまり知らない」は nada の代わりに tanto（**タ**ント）を入れて No se tanto. と言います。

ペロ ジョ ノ ク**レ**オ
Pero yo no creo.

pero は「しかし」、creo は「信じる」です。

コモ ピ**エ**ンサ ウス**テ**ッ
¿Cómo piensa usted?

¿Cómo? は疑問詞の「どう？」で、piensa が「思う」の意味です。cómo の代わりに ¿Qué?「何？」と言っても通じます。

いろいろ使える基本文 ❺

意味不明なことを尋ねる

それはどういう意味ですか？

スペイン語で言うと

～はスペイン語で何と言いますか？

言葉に詰まったときには

どう言ったらいいでしょうか…？

¿Qué significa eso?
ケ　　シグニ**フィ**カ　　**エ**ソ

significa は「意味する」です。Qué quiere decir eso? (ケ キ**エ** レ デ**シ**ル **エ**ソ)「それは何といいますか」とも言います。

中南米ではスペイン語のことを castellano (カステジャノ) と言います。

¿Cómo se dice ~ en español?
コモ　　セ　**ディ**セ
エン　　エスパ**ニョ**ル

¿Cómo se dice ~? で「~ はどう言いますか?」です。

¿Qué tengo que decir?
ケ　**テ**ンゴ　ケ　デ**シ**ル

tengo que decir は「言わなければならない」の意味です。

いろいろ使える基本文 ❻

「〜だった」という過去形です

その映画はつまらなかった。

「〜へ行った」という過去形です

私はきのう映画館へ行きました。

「〜へ行ったことがある」は

あなたは〜へ行ったことがありますか？

エサ ペリクラ エラ アブルリド
Esa película era aburrido.

era は動詞 ser「～である」の3人称単数過去形です。película は「映画」、aburrido は「つまらない」の意味です。「面白かった」場合は、era interesante（インテレ**サ**ンテ）と言います。

フイ アジェル アル シネ
Fui ayer al cine.

fui は「行く」の過去形です。¿A donde fuiste（フイ**ス**テ）ayer?「昨日はどこへ行きましたか?」と尋ねられたときの返事の例です。

ア イド ウステッ ア ↗
¿Ha ido usted a ~ ?

¿Ha ido usted a ~? は「あなたは～へ行ったことがありますか?」という過去完了形です。Si（または No), he ido.「行ったことがある（ない）」で返します。

いろいろ使えるカタコトフレーズ ❶

すばらしいものに感動したときに

ステキ！最高！

くたくた、ばてばて、なときに

もうダメ！

笑ってしまうときにも、変だと思うときにも

おかしい！

エクセレンテ
¡Excelente!

このほかにも似たような表現で、¡¡Qué bien!!(ケ ビエン)「何てすてき！」、¡Supremo/a! (スプレーモ/スプレーマ)「最高！」、¡Bárbaro/a! (バルバロ/バルバラ)「すごい！」などがあります。

o/a とある語は、対象が男性の場合は o に、女性なら a に変えて発音します。

ノ　　プエド　　アグアンタル　　マス
No puedo aguantar más.

No puedo ~ más. で「これ以上〜できない」という意味です。aguantar は「我慢する」です。

エス　ムイ　エストラニョ
Es muy extraño.

extraño は「奇妙な」という意味です。

いろいろ使えるカタコトフレーズ ❷

はっきり答えられないときに

たぶん…。/そうかも…。

不可能、ありえない、無理

ありえない! ダメ!

日本人が好んで使う表現ですが…

どっちでもいい。

プロ**バ**ブレメンテ
Probablemente…. /
プ**エ**デ　　**セ**ル
Puede ser….

確信が持てないときや態度を保留するときに使ってください。

ノ　　　プ**エ**デ　　　**セ**ル
No puede ser.

信じられない話を聞いたときに使います。

クアルキ**エ**ラ
Cualquiera.

文字どおり「どちらでも」の意味です。

いろいろ使えるカタコトフレーズ ❸

相手を待たせるときには

ちょっと待って！

相手の言っていることが正しいときに

そのとおり。

当たり前

そりゃそうさ。普通でしょ。

エスペレ **ウン** モ**メ**ント
Espere un momento.

espere は「待て」、un momento は「ちょっと」という意味です。Un momento. だけでもよく使います。

エク**サ**クタメンテ
¡Exactamente!

「正解」とか「図星」と言うときに使います。英語だと Exactly! ですね。

ポル ス プ**エ**スト **エ**ス ノル**マ**ル
¡Por su puesto! Es normal.

¡Por su puesto! は「もちろん!」という意味で、normalは「普通」という文字どおりの意味です。

いろいろ使えるカタコトフレーズ ❹

出発前のひと言といえば

準備OKですか?

相手に何か幸運なことがあったら

ついてますね。

もっと祝福したければ

おめでとう!

エス**タ**ス　　　**リ**スト（**リ**スタ）
¿(Estás) Listo/a?

語尾を上げると疑問文、下げるとその答え「(準備)OKです」となります。¿Listo/a? だけでも通じます。準備できていないときは、No estoy listo/a.（ノ エス**ト**イ **リ**スト/**リ**スタ）と言いましょう。

o/a とある語は、話す対象が男性なら o に、女性なら a に変えて発音します。

ケ　　　ス**エ**ルテ　　　ケ　　　**エ**ス
Qué suerte que es.

この場合の qué は感嘆詞です。suerte は「幸運」の意味です。

フェリシタシ**オ**ネス
¡Felicitaciones!

「誕生日」「結婚」「合格」「昇進」など、おめでたいことなら何にでも使えます。

スペイン本国では ¡Felicidades!（フェリシダデス）がよく使われます。

いろいろ使えるカタコトフレーズ ❺

信じられないとき
うそでしょう！

考えるとき
えーと。

人に声をかけるとき
ちょっと、あなた！

¡No me digas!
ノ メ ディガス

diga は「言う」decir（デシル）の接続法現在形で、直訳だと「私に言わないで」。文字どおり「うそ！」と言うなら ¡Mentiras!（メンティラス）で、「うそつき！」なら ¡Mentiroso!（メンティロソ）です。

A ver....
ア ベル

考えごとをしているときに言ってみましょう。

¡Amigo!／¡Amiga!
アミゴ　　　　アミガ
（男性に）　　（女性に）

「友だち」の意味ですが、名前を知らない人への呼びかけにも使われます。前に mi（ミ）をつけると親友やボーイフレンド、ガールフレンドを表すニュアンスに…。

カタコト・ラブラブ・フレーズ ❶

女性がオシャレしているときには

お美しいですね。

相手と同席しているときに、一度は言っておこう

ご一緒できてうれしいです！

再会を願って

もう一度会いたいです。

¡Qué bello es!
<small>ケ　ベジョ　エス</small>

quéは感嘆詞で、belloは「美しい」の意味です。

Estoy muy feliz por estar junto con usted.
<small>エストイ　ムイ　フェリス　ポル　エスタル　フント　コン　ウステッ</small>

これは文字どおり、「あなたと一緒にいることができて幸せです」の意味です。別に男女間だけでなく、一緒にいて楽しいと感じられる人なら、誰に対しても使えるフレーズです。

Quiero verte otra vez.
<small>キエロ　ベルテ　オトラ　ベス</small>

Quiero~. は [～したいです]。verは「見る」、otra vezは「もう一度」の意味です。

カタコト・ラブラブ・フレーズ ❷

好意をもっていることをはっきり口に出すと

あなたがとても気に入りました！

愛を告白します

あなたを愛しています。

せっかく愛を告白したのに

私にはボーイフレンドがいます。

A mi me encanta usted.
アミ メ エン**カ**ンタ ウス**テ**ッ

me encanta で「気に入る」です。

Te amo. / Te quiero.
テ **ア**モ テ キ**エ**ロ

amo は「愛している」です。極めつきの愛の告白はこのフレーズです。Te quiero. 「あなたがほしい」と言うときもあります。

Tengo un novio.
テンゴ **ウ**ン **ノ**ビオ

amigo「友だち」程度ならまだチャンスはありますが、novio「恋人」がいるのなら、それ以上の進展はかなり厳しいかもしれません。

カタコト・ラブラブ・フレーズ ❸

女性が男性に懇願します

キスして!

単刀直入に ①

君が恋しいです。

単刀直入に ②

君が必要です。

ベサメ
¡Bésame!

世界的なヒットソングとして有名な「Bésame mucho（ベサメ ムチョ）」（作詞・作曲：コンスエロ・ベラスケス：Consuelo Velázquez, 1924 – 2005）は「たくさんキスして！」という意味です。

テ　エクス**トラ**ニョ
Te extraño.

心を込めて言いましょう！

テ　　　ネセ**シ**ト
Te necesito.

最後のくどき文句はこれです！

単語帳(基数)

0	セロ	cero
*1	**ウノ/ウン/ウナ**	uno/un/una
2	**ドス**	dos
3	ト**ゥレス**	tres
4	ク**アトゥロ**	cuatro
5	**シンコ**	cinco
6	**セイス**	seis
7	シ**エテ**	siete
8	オ**チョ**	ocho
9	ヌ**エベ**	nueve
10	ディ**エス**	diez
11	**オンセ**	once
12	**ドセ**	doce
13	ト**ゥレセ**	trece
14	カ**トルセ**	catorce
15	**キンセ**	quince
16	ディエシ**セイス**	dieciséis
17	ディエシシ**エテ**	diecisiete
18	ディエシ**オチョ**	dieciocho
19	ディエシヌ**エベ**	diecinueve
20	ベ**インテ**	veinte
21	ベインティ**ウノ**	veintiuno
22	ベインティ**ドス**	veintidós
23	ベインティト**ゥレス**	veintitrés
24	ベインティク**アトロ**	veinticuatro
25	ベインティ**シンコ**	veinticinco
30	ト**ゥレインタ**	treinta
**31	ト**ゥレインタ イ ウノ**	treinta y uno
32	ト**ゥレインタ イ ドス**	treinta y dos

*1 は uno ですが、「1つのモノ」を表すときは、男性名詞の前で un(**ウン**)、女性名詞の前で una(**ウナ**)と言います。

単語帳(基数/序数)

40	クアレンタ	cuarenta
50	シンクエンタ	cincuenta
60	セセンタ	sesenta
70	セテンタ	setenta
80	オチェンタ	ochenta
90	ノベンタ	noventa
100	シエン	cien
***103	シエント トゥレス	ciento tres
200	ドスシエントス	doscientos
500	キニエントス	quinientos
1,000	ミル	mil
10,000	ディエス ミル	diez mil

**31以降の2桁の数は十の位と一の位を接続詞 y (イ)でつなげます。
***100 は cien (シエン)ですが、後ろに数字が続くときは ciento (シエント)、200 以上は cientos (シエントス)になります。たとえば、658 なら seiscientos cincuenta y ocho (セイシエントス シンクエンタ イ オチョ)となります。

*第1	プリメロ(プリメル)/プリメラ	primero/a
第2	セグンド/セグンダ	segundo/a
*第3	テルセロ(テルセル)/テルセラ	tercero/a
第4	クアルト/クアルタ	cuarto/a
第5	キント/キンタ	quinto/a
第6	セクト/セクタ	sexto/a
第7	セプティモ/セプティマ	séptimo/a
第8	オクタボ/オクタバ	octavo/a
第9	ノベノ/ノベナ	noveno/a
第10	デシモ/デシマ	décimo/a
第11	ウンデシモ/ウンデシマ	undécimo/a
第12	デュオデシモ/デュオデシマ	duodécimo/a

*第1と*第3は、男性名詞の前ではそれぞれ primer (プリメル)、tercer (テルセル)と言います。例:primer piso (ピソ)「1階」。「2階」は segundo piso と言います。

単語帳(日・曜日・月・季節)

おととい	アンテ アジェル	ante ayer
昨日	アジェル	ayer
今日	オイ	hoy
明日/朝/午前	マニャナ	mañana
あさって	パサド マニャナ	pasado mañana
午後	タルデ	tarde(f)
昼/正午	メディオディア	mediodía(f)
夜	ノチェ	noche(f)
月曜日	ルネス	lunes(m)
火曜日	マルテス	martes(m)
水曜日	ミエルコレス	miércoles(m)
木曜日	フエベス	jueves(m)
金曜日	ビエルネス	viernes(m)
土曜日	サバド	sábado(m)
日曜日	ドミンゴ	domingo(m)
1月	エネロ	enero(m)
2月	フェブレロ	febrero(m)
3月	マルソ	marzo(m)
4月	アブリル	abril(m)
5月	マジョ	mayo(m)
6月	フニオ	junio(m)
7月	フリオ	julio(m)
8月	アゴスト	agosto(m)
9月	セプティエンブレ	septiembre(m)
10月	オクトゥブレ	octubre(m)
11月	ノビエンブレ	noviembre(m)
12月	ディシエンブレ	diciembre(m)
春	プリマベラ	primavera(f)
夏	ベラノ	verano(m)
秋	オトニョ	otoño(m)
冬	インビエルノ	invierno(m)

(m)男性名詞 (f)女性名詞

単語帳（性別・家族・身分・職業など）

男	オンブレ	hombre
女	ムヘル	mujer
子供（男）	イホス	hijos
子供（女）	イハス	hijas
男の子	ニニョス	niños
女の子	ニニャス	niñas
～さん（男性）	セニョル	señor
～さん（既婚女性）	セニョラ	señora
～さん（未婚女性）	セニョリタ	señorita

私の父	ミ パドレ	mi padre
私の母	ミ マドレ	mi madre
私の兄	ミ エルマノ マジョル	mi hermano mayor
私の弟	ミ エルマノ メノル	mi hermano menor
私の姉	ミ エルマナ マジョル	mi hermana mayor
私の妹	ミ エルマナ メノル	mi hermana menor
私の夫	ミ エスポソ	mi esposo
私の妻	ミ エスポサ	mi esposa
私の息子	ミ イホ	mi hijo
私の娘	ミ イハ	mi hija
私の友人（男）	ミ アミゴ	mi amigo
私の友人（女）	ミ アミガ	mi amiga

学生（男女）	エストゥディアンテ	estudiante
主婦	ドゥエニャ デ カサ	dueña de casa
会社員（男/女）	エンプレアド/ダ	*empleado/a
教師（男/女）	マエストロ/ラ	*maestro/a
公務員（男/女）	フンシオナリオ/ア	*funcionario/a
技師（男/女）	インヘニエロ/ラ	*ingeniero/a
医者（男/女）	ドクトル/ラ	*doctor/ra
弁護士（男/女）	アボガド/ダ	*abogado/a

*o/a または r/ra としてある語は、男性と女性で語尾が変わるので注意！

単語帳(国名ほか)

日本	ハポン	Japón(m)
スペイン	エスパニャ	España(f)
アルゼンチン	アルヘンティナ	Argentina(f)
ペルー	ペルゥ	Perú(m)
メキシコ	メヒコ	Méjico(m)
ブラジル	ブラシル	Brasil(m)
ドイツ	アレマニア	Alemania(f)
フランス	フランシア	Francia(f)
イタリア	イタリア	Italia(f)
イギリス	イングラテラ	Inglaterra(f)
ロシア	ルシア	Rusia(f)
アメリカ合衆国	エスタドス ウニドス	Estados Unidos(m)
中国	チナ	China(f)
韓国	コレア デル スル	Corea del Sur(f)
ニュージーランド	ヌエバ セランダ	Nueva Zelanda(f)
オーストラリア	アウストゥラリア	Australia(f)

日本人(男)	ハポネス	japonés
日本人(女)	ハポネサ	japonesa
スペイン人(男)	エスパニョル	español
スペイン人(女)	エスパニョラ	española
メキシコ人(男)	メヒカノ	mejicano
メキシコ人(女)	メヒカナ	mejicana
アメリカ人(男)	アメリカノ	americano
アメリカ人(女)	アメリカナ	americana

日本語	ハポネス	japonés(m)
スペイン語	エスパニョル	español(m)
英語	イングレス	inglés(m)
フランス語	フランセス	francés(m)
中国語	チノ	chino(m)

(m)男性名詞 (f)女性名詞

単語帳(服装・服飾品)

ドレス	ベスティド	vestido(m)
スーツ	トゥラヘ	traje(m)
ジャケット	チャケタ/サコ	chaqueta(f) / saco(m)
スカーフ	ブファンダ	bufanda(f) ※「襟巻き」の意味
ハンカチ	パニュエロ	pañuelo(m) ※薄手のスカーフもパニュエロと言う
手袋	グアンテス	guantes(m)
帽子	ソンブレロ	sombrero(m)
ベルト	シントゥロン	cinturón(m)
ネクタイ	コルバタ	corbata(f)
ワイシャツ	カミサ	camisa(f)
Tシャツ	カミセタ	camiseta(f)
ブラウス	ブルサ	blusa(f)
セーター	スウェテル	suéter(m)
ズボン	パンタロネス	pantalones(m, pl)
スカート	ファルダ	falda(f)
コート	アブリゴ	abrigo(m)
指輪	アニジョ	anillo(m)
ネックレス	コジャル	collar(m)
ストッキング	メディアス	medias(f, pl)
靴	サパトス	zapatos(m, pl)
ブーツ	ボタス	botas(f, pl)
傘	パラグアス	paraguas(m)
財布	カルテラ	cartera(f)
小銭入れ	モネデロ	monedero(m)
時計	レロッフ	reloj(m)
手帳	リブレタ	libreta(f)
鉛筆	ラピス	lápiz(m)
ペン	プルマ	pluma(f)

(m)男性名詞 (f)女性名詞 (pl)複数形

会話のための早わかりスペイン語初歩文法 ❶

■名詞には男性・女性の区別がある

人や動物を表す名詞に男性・女性の区別がありますが、スペイン語は、物を表す名詞にも男性・女性を区別して使います。たとえば「ナイフ」cuchillo（クチジョ）は男性、「スプーン」cuchara（クチャラ）は女性といった具合です。

■物を表す名詞の性は語尾で区別する

一般に語尾が o で終わる名詞は男性、a、ión、d、z などで終わる名詞は女性です。

男性名詞 (o)：libro（リブロ）「本」、dinero（ディネロ）「お金」
女性名詞 (a、ión、d、z)：casa（カサ）「家」、mesa（メサ）「机」、nación（ナシオン）「国」
　　　　　　　　　　　　　　ciudad（シウダッ）「都市」、nariz（ナリス）「鼻」

ところが、名詞の中には例外として、この法則に合わない名詞もあります。また e、r、n、l など男性名詞、女性名詞ともに同じ語尾で終わるものもありますが、これらはそのつど耳で覚えるしかありません。

男性名詞：día（ディア）「日」、viaje（ビアヘ）「旅行」
女性名詞：mano（マノ）「手」、tarde（タルデ）「午後」

■語尾を変えることによって、女性名詞を作る

職業などに関する名詞では男性名詞でありながら、語尾を変えることによって、女性名詞を作る場合もあります。o で終わる男性名詞は、a に変えます。また子音で終わる男性名詞は a を付け加えます。

o で終わる男性名詞：maestro（マエストロ）「先生」→ maestra（マエストラ）
子音で終わる男性名詞：doctor（ドクトル）「医者」→ doctora（ドクトラ）「女医」

■男性、女性共用の名詞もある

まったく同じ単語で、男性、女性両方に使える名詞もあります。この場合冠詞や形容詞で男性と女性を区別します。

estudiante（エステュディアンテ）「学生」→ un estudiante 「男子学生」
　　　　　　　　　　　　　　　　　　　→ una estudiante「女子学生」
dentista（デンティスタ）「歯医者」　　　 → el dentista 「男の歯医者」
　　　　　　　　　　　　　　　　　　　→ la dentista 「女の歯医者」

■名詞の数

名詞には数の概念があり、singular（シングラル）「単数」と plural（プルラル）「複数」とで語尾が変わります。名詞の複数形を作るには、通常は（単数形の語尾が）母音で終わるときは s をつけ、子音で終わるときは es をつけます。

casa（カサ）「家」→ casas（カサス）　　papel（パペル）「紙」→ papeles（パペレス）

例外として、次のような変化があります。

単語の綴りが変わる	lápiz (ラピス)「鉛筆」	→	lápices (ラピセス)
アクセント記号が付く	examen (エクサメン)「試験」	→	exámenes (エクサメネス)
アクセント記号が外れる	razón (ラソン)「道理」	→	razones (ラソネス)

■名詞が男性/女性、単数/複数で冠詞を使い分ける

「その」の意味を表す定冠詞は、男性名詞には el(エル)、複数だったら los(ロス)、女性名詞には、定冠詞 la(ラ)、複数だったら las(ラス)をつけます。

また「1つの」や「いくつかの」の意味を表す不定冠詞は、男性名詞には un(ウン)、複数だったら unos(ウノス)、女性名詞には、不定冠詞 una(ウナ)、複数だったら unas(ウナス)をつけます。

男性名詞：libro(リブロ)定冠詞：el libro, los libros、不定冠詞：un libro, unos libros
女性名詞：casa(カサ)定冠詞：la casa, las casas、不定冠詞：una casa, unas casas

■形容詞にも性と数の変化がある

名詞または主語の性と数に一致して変化します。男性形から女性形や、単数形から複数形への変わり方は名詞と同様です(形容詞は一般的に名詞の後ろに付けます)。

女性形を作る場合、o で終わる形容詞は a に変えます。また o 以外で終わる形容詞は男性、女性同じで、数だけで変化します。

複数形を作る場合も名詞と同様で、通常母音で終わるときは s をつけ、子音で終わるときは es をつけます。

男性形：blanco(ブランコ)「白」→ **女性形**：blanca(ブランカ)、**複数形**：blancas(ブランカス)
例文) una camiseta blanca (ウナ カミセタ ブランカ)「白いシャツ」

男性形：verde(ベルデ)「緑」→ **女性形**：verde(ベルデ)、**複数形**：verdes(ベルデス)
例文) las hojas verdes (ラス オハス ベルデス)「緑の葉」

名詞同様に例外として、次のように変化するものがあります。

単語の綴りが変わる	feliz (フェリス)「幸せ」	→	felices (フェリセス)
アクセント記号が付く	joven (ホベン)「若い」	→	jóvenes (ホベネス)
アクセント記号が外れる	común (コムン)「普通」	→	comunes (コムネス)

■動詞の現在形を使いこなそう

スペイン語の動詞は、原形の語尾が -ar、-er、-ir のいずれかで終わります。

-ar：hablar(アブラル)「話す」、comprar(コンプラル)「買う」
-er：comer(コメル)「食べる」、leer(レエル)「読む」
-ir：vivir(ビビル)「生きる」、escribir(エスクリビル)「書く」

会話のための早わかりスペイン語初歩文法 ❷

これらの動詞は、主語の人称(1人称、2人称、3人称)、数(単数、複数)、時制(現在、過去、未来)などによって変化します。人称には単数、複数合わせて全部で6種類あります。親称単数の tú(トゥ)「君」(アルゼンチンの場合は vos(ボス))、複数の vosotros(ボソトロス)「君たち」は2人称、敬称単数の usted(ウステッ)「あなた」、複数の ustedes(ウステデス)「あなたたち」は3人称になります。時制には、過去や未来などいろいろ種類がありますが、まずは現在形(直説法現在)をマスターすることを心がけましょう。

活用変化には活用形式が一般的な規則動詞と特殊な不規則動詞があります。

動詞の中で特に覚えておきたい実用的な動詞に、主語の性質(職業、国籍、出身等)を表す ser(セル)と、主語の状態や所在を表す estar(エスタル)があります。この ser、estar とも下表の通り、不規則な変化をします。

[1] ser

主語	スペイン語	日本語	原形 ser(セル)
1人称単数	yo(ジョ)	私	soy(ソイ)
2人称単数	tú(トゥ) vos*(ボス)	君(親称)	eres(エレス) sos(ソス)
3人称単数	usted(ウステッ) él(エル) ella(エジャ)	あなた(敬称) 彼 彼女	es(エス)
1人称複数	nosotros(ノソトロス)	私たち	somos(ソモス)
2人称複数	vosotros(ボソトロス)	君たち(親称)	sois(ソイス)
3人称複数	ustedes(ウステデス) ellos(エジョス) ellas(エジャス)	あなたたち(敬称) 彼ら 彼女ら	son(ソン)

＊アルゼンチンでは2人称単数では tu ではなく、vos を使います。

職業を表す：Yo soy estudiante. (ジョ ソイ エストゥディアンテ) 私は学生です。
国籍を表す：Él es español. (エル エス エスパニョル) 彼はスペイン人です。
出身地を表す：Nosotros somos de Japón. (ノソトロス ソモス デ ハポン) 私たちは日本の出身です。

[2] estar

主語	スペイン語	日本語	原形 estar(エスタル)
1人称単数	yo(ジョ)	私	estoy(エストイ)
2人称単数	tú(トゥ) vos(ボス)	君(親称)	estás(エスタス)
3人称単数	usted(ウステッ) él(エル) ella(エジャ)	あなた(敬称) 彼 彼女	está(エスタ)
1人称複数	nosotros(ノソトロス)	私たち	estamos(エスタモス)

2人称複数	vosotros(ボソトロス)	君たち(親称)	estáis(エスタイス)
3人称複数	ustedes(ウステデス) ellos(エジョス) ellas(エジャス)	あなたたち(敬称) 彼ら 彼女ら	están(エスタン)

所在を表す：¿Donde está la estación?(ドンデ エスタ ラ エスタシオン)「駅はどこですか？」
状態を表す：¿Cómo está usted? (コモ エスタ ウステッ)「ご機嫌いかがですか？」

このほか、買い物や旅行のときによく使う実用的な動詞の活用を紹介します。これらの活用変化は理屈で覚えるよりも、相手との会話の中で耳から覚えるようにしたほうが、覚えやすいかもしれません。

	ir(イル)「行く」	tener(テネル)「持つ」	comer(コメル)「食べる」
1人称単数	voy(ボイ)	tengo(テンゴ)	como(コモ)
2人称単数	vas(バス)	tienes(ティエネス) tenés(テネス)	comes(コメス) comés(コメス)
3人称単数	va(バ)	tiene(ティエネ)	come(コメ)
1人称複数	vamos(バモス)	tenemos(テネモス)	comemos(コメモス)
2人称複数	vais(バイス)	tenéis(テネイス)	coméis(コメイス)
3人称複数	van(バン)	tienen(ティエネン)	comen(コメン)

	querer(ケレル)「〜したい」	hacer(アセル)「する」	hablar(アブラル)「話す」
1人称単数	quiero(キエロ)	hago(アゴ)	hablo(アブロ)
2人称単数	quieres(キエレス) querés(ケレス)	haces(アセス) hacés(アセス)	hablas(アブラス) hablás(アブラス)
3人称単数	quiere(キエレ)	hace(アセ)	habla(アブラ)
1人称複数	queremos(ケレモス)	hacemos(アセモス)	hablamos(アブラモス)
2人称複数	queréis(ケレイス)	hacéis(アセイス)	habláis(アブライス)
3人称複数	quieren(キエレン)	hacen(アセン)	hablan(アブラン)

■現在進行形の作り方

スペイン語では、**状態を表す動詞 estar + 現在分詞**が現在進行形となります。動詞の語尾が - ar で終わるときは - ando に、- er や - ir で終わるときは - iendo に変えて現在分詞を作ります。

語尾が - ar で終わる動詞：andar(アンダル) → andando(アンダンド)
語尾が - er で終わる動詞：comer(コメル) → comiendo(コミエンド)
語尾が - ir で終わる動詞：subir(スビル) → subiendo(スビエンド)

著者略歴

守川一郎（もりかわ いちろう）

1956年東京生まれ。5歳から8年間、銀行員だった父親の駐在にともない、南米アルゼンチン、ペルーに住み、現地校に通う。大学卒業後、(株)資生堂に入社。1986年ドイツ デュッセルドルフ研修を経て、1992年より本社国際事業部で北中南米地区を担当。得意なスペイン語を活かし、中南米各国の新規開拓に当たる。1999年から5年半、資生堂ニュージーランド社長。2016年資生堂退職。2017年より佐賀県唐津市在住。地域の自然素材を生かした化粧品・健康食品開発・販売会社 (株)Karatsu Style (www.karatsustyle.com) 設立。趣味は、旅行、観劇、ゴルフ、カクテル作り。夢は、妻と成人した3人の子供たちと5人で南米訪問。

STAFF

カバー＆本文デザイン	■一柳 茂（クリエーターズ・ユニオン）
本文編集	■ WAKARU
DTP	■高瀬伸一（WAKARU）
イラスト	■山口嗣恭／テラカド ヒトシ

やさしいスペイン語　カタコト会話帳

2006年10月13日　第1刷発行
2018年 4月 2日　第4刷発行

著　者────守川一郎
発行者────徳留慶太郎
発行所────株式会社すばる舎
　　　　　　東京都豊島区東池袋3-9-7 東池袋織本ビル 〒170-0013
　　　　　　　TEL　03-3981-8651（代表）
　　　　　　　　　　03-3981-0767（営業部直通）
　　　　　　　FAX 03-3981-8638
　　　　　　　振替　00140-7-116563
印　刷────図書印刷株式会社

落丁・乱丁本はお取り替えいたします。
©Ichiro Morikawa　2006 Printed in Japan
ISBN978-4-88399-563-9 C0080